머리맡에——니체

머리맡에 ──────── 니체

삶을 깨우는
니체의 말

니체 지음 / 함현규 옮김

다른
상상

아포리즘으로 보는 니체의 사상

니체의 방대한 저작에 담겨진 사상은 장점과 단점을 고루 갖추고 있다. 따라서 전체적으로 쉽게 정리해서 편집하면 독자들은 시간과 노력을 많이 들이지 않고도 편안히 니체의 사상을 이해할 수 있다. 물론 잘못 정리하거나 니체의 사상을 뭉뚱그려놓으면 더 많은 혼란을 초래할 수 있다는 단점도 있다. 즉, 철학자의 사상은 그의 글 한 구절 한 구절에 모두 살아 있으므로 그것을 갈기갈기 찢거나 생각 없이 짜 맞추면 철학자의 사상은 생명력을 잃고 만다. 그리고 그로 말미암아 철학자의 원래 사상과는 전혀 다른 사상이 철학자를 짓누르고, 독자들은 더 큰 혼란에 빠져들게 된다.

니체의 글도 이런 점에서 예외일 수 없다. 그래서 나는 이 책을 엮음에 있어 도출될 수 있는 단점을 최대한 줄이고 장점을 살리고자 애썼다. 니체는 사상의 체계화를 싫어했기 때문에 아포리즘이라는 형식을 취했다.

그래서 나는 그의 아포리즘 형식에 율동적인 흐름을 보태어 니체 사상의 전체상을 부각시키고자 했다. 그래야 많은 독자들이 좀 더 쉽고 편안하게 니체의 사상을 받아들일 수 있으리라 생각한 것이다.

참고로, 여기에 수록된 니체의 작품들은 니체 혼자만의 것
이라기보다 나의 니체관觀이 전제된 것들이라고 말할 수
있다. 물론 나는 나의 니체관이 주관적인 견해에 불과한
것이 아니라 니체가 말하려고 했던 진의가 그대로 담긴 하
나의 관점이라고 믿는다. 그런 점에서 이 책이 니체의 사
상을 이해하고자 하는 독자들에게 좋은 안내서가 되길 바
란다.

끝으로 이 책은 *Nietzsches Werke Taschen Ausgabe*를 인
용했으며, 표제 및 부제는 글의 내용에 맞게 임의로 붙였다.

함현규

2장 ―― 깊은 고뇌는 인간을 고귀하게 만든다

3장 —— 신은 죽었다

4장 ── 모든 것은 가고, 모든 것은 되돌아온다

5장 ——— 자신을 사랑할 줄 알아야 한다

1장

차라투스트라는
이렇게
말했다

시작의 글

FRIEDRICH WILHELM NIETZSCHE

머지않아 내가 지금까지 제기된 어떤 문제보다도 가장 어려운 문제를 들고 인류에게 다가가지 않으면 안 되리라는 생각이 든다. 따라서 우선 내가 누구인지를 말해야 할 필요가 있을 듯하다. 어쩌면 사람들이 나에 대해 이미 알고 있을지도 모른다. 내가 나의 신분을 밝히지 않았던 적이 없었으니 말이다. 하지만 나는 사람들이 내 말을 들으려고 하지 않고 나의 글을 읽어보지도 않았다는 사실에서 내 사명의 위대함과 동시대인들의 하찮음 사이에 존재하는 불균형을 깨달았다.

나는 스스로 발행한 어음으로 살고 있는 것이나 마찬가지다. 그렇다면 내가 살고 있다는 것 자체가 하나의 편견에 불과한 것은 아닐까? 내가 살고 있지 않다는 점을 스스로 확신하기 위해서는 그저 여름 한 날 오번 엔 가딘에 오는 어느 교양 있는 사람과 잠시 대화를 나눠보기만 하면 된다.

이런 상황에서는 나의 습관도, 아니 내 여러 본능의 긍지도 저항감을 느끼는 것이 사실이지만, 그래도 나는 "내 말을 들어라. 나는 이러저러한 사람이니 나를 다른 사람과 혼동하지 말라!"라고 말해야 할 의무가 있다.

나는 이중인격자다

FRIEDRICH WILHELM NIETZSCHE

나는 그동안 살아온 길을 되돌아보았다.
그리고 앞길을 내다보았다.
이렇게 좋은 것들을 이 정도로 한꺼번에 많이 본 적은 지금까지 단 한 번도 없었다.

이 완벽한 날에 포도만 보라색으로 익는 것이 아니다. 내 생애 위에도 한 줄기 햇살이 비치고 있다. 나는 그동안 살아온 길을 되돌아보았다. 그리고 앞길을 내다보았다. 이렇게 좋은 것들을 이 정도로 한꺼번에 많이 본 적은 지금까지 단 한 번도 없었다. 나는 나의 마흔네 번째 해를 그저 속절없이 매장한 것이 아니었다.

나는 나의 마흔네 번째 해를 단순히 매장해버릴 수도 있었지만, 그 속에서도 생명이 있는 것은 구제되어 불멸하게 되어 있다. 『모든 가치의 전환』 중 제1권 『차라투스트라는 이렇게 말했다』와 『우상의 황혼』 등이 올해, 아니 이 마지막 12월의 선물이었던 것이다. 이러니 내가 어찌 지나온 나의 생애에 감사하지 않을 수 있겠는가? 그래서 내가 굳이 내 생애에 대해 이야기하려는 것이다.

　나는 이중인격자다. 첫 번째 얼굴 외에 두 번째 얼굴도 갖고 있는 것이다. 그리고 아마 세 번째 얼굴도……. 나의 혈통만 보더라도, 나는 고향이나 국가에 얽매인 좁은 시야를 초월해서 사물을 바라보는 혜택을 누리고 있다. 한 명의 유럽인이라는 사실이 나에게는 아무런 문제가 되지 않는다.

　반면, 제국 국민에 불과한 오늘날의 독일인들이 아무리 독일인다워진다고 해도 그들보다 내가 더 독일적일지도 모른다. 나는 최후의 비정치적 독일인이다. 하지만 나의 조상은 폴란드 귀족이었다. 그로 인해 나의 몸속에는 많은 종족의 본능이 자리 잡고 있다. 누가 알겠는가, 거부권도 결국 내가 갖고 있다는 사실을 말이다. 길을 걷다 보면 가끔 나를 폴란드인으로 보고 말을 걸어오는 사람들이 있으며, 심지어 실제 폴란드인들까지도 그렇게 생각한다. 나를 독일인으로 여기는 사람들은 거의 없다. 이런 일을 겪다 보니, 가끔 나 자신이 알록달록한 잡종 독일인에 불과하다는 생각이 들기도 한다.

　그래도 내 어머니 프란체스카 윌러는 매우 독일적인 사람이었고, 친할머니인 에르트무테 크라우제도 마찬가지였다. 나의 친할머니는 소녀 시절 내내 괴테와 조금 관련이 있는 옛 바이마르에서 살았다. 괴니히스베르크의 신학 교수였던 친할머니의 오빠 크라우제는 헤르

더가 죽은 뒤 바이마르에 감독장으로 초빙되었다. 따라서 친할머니의 어머니, 즉 나의 증조할머니가 젊은 괴테의 일기장에 무르켄이라는 이름으로 나오는 것이 있을 수 없는 일은 아니다.

증조할머니는 아일랜부르크의 지방 교구장教區長인 니체와 재혼했다. 그리고 나폴레옹이 참모들과 함께 아일랜부르크에 입성한 위대한 전쟁의 해인 1813년 10월에 출산하셨다. 작센인인 증조할머니는 대단한 나폴레옹 숭배자였다. 그런 점에서 나 또한 그럴 수 있다.

1813년생인 나의 아버지는 1849년에 돌아가셨다. 아버지는 뤼첸에서 멀지 않은 뢰켄 교구의 목사직을 맡을 때까지 수년 동안 알렌부르크 성城에서 살았으며, 그곳에서 네 명의 공주를 가르쳤다. 아버지의 제자들은 하노바의 왕비, 콘스탄틴 공비公妃, 올덴부르크의 태공비太公妃, 작센 알렌부르크의 테레제 공주 등이었다.

아버지는 프러시아 왕 프리드리히 빌헬름 4세에게 매우 충성했으며, 왕은 아버지에게 목사직을 하사했다. 1848년의 사건들은 아버지를 극도로 슬프게 만들었다. 프리드리히 빌헬름 4세의 생일인 10월 15일에 태어난 나는 당연한 듯이 프리드리히 빌헬름이라는 호엔솔레른 왕가의 이름을 얻었다. 이날을 선택해 태어난 것은 그리 나쁘지 않았다. 내 생일은 소년 시절 내내 나라의 축제일이었으니 말이다.

나에게 그런 아버지가 있다는 사실은 커다란 특권 가운데 하나였다. 그리고 나의 다른 모든 특권들이 그 커다란 특권 하나로 설명되

나는 이중인격자다
•

는 듯했다. 삶, 그리고 삶에 대한 위대한 긍정을 계산에 넣지 않으면
말이다.

쇼펜하우어를 읽고 난 뒤

FRIEDRICH WILHELM NIETZSCHE

그리스도를 제외하면
그는 인류 역사상 최고의 심리학적 위조인이다.

나는 쇼펜하우어의 저서 첫 페이지를 읽고 난 뒤, 이 책을 끝까지 읽어야겠으며 그의 모든 말에 귀 기울여야겠다고 결심한 독자 가운데 한 사람이다. 쇼펜하우어에 대한 나의 신뢰는 즉석에서 나타났으며, 그 신뢰는 9년 전이나 지금이나 변함이 없다.

내 마음을 솔직히 털어놓는다면, 쇼펜하우어가 마치 나를 위해서 모든 글을 써놓은 듯 나는 그를 완전히 이해했다.

쇼펜하우어는 문제가 되는 최후의 독일 사람으로, 괴테나 헤겔 또는 하인리히 하이네처럼 단순한 지방적·국민적 사건에 머물지 않는다. 심리학 측면에서 최고의 사례가 바로 쇼펜하우어다. 즉, 쇼펜하우어는 허무주의에 근거를 두고 삶의 가치를 총체적으로 낮추기 위해 그 반대 입장에서 삶에 대한 커다란 자기 긍정과 삶의 돌기형식笑起形式을 꺼내오는 악의에 찬 천재적인 시도를 감행했다. 그리고 그는 순차적으로 예술, 영웅주의, 천재, 미, 커다란 공감, 인식, 진리에 대한 의지, 비극 등을 의지의 부정 또는 부정 요구의 수반隨伴현상으로 해석했다.

그리스도를 제외하면 그는 인류 역사상 최고의 심리학적 위조인 것이다. 좀 더 자세히 말한다면, 그는 이 점에서는 단순히 그리스도교적 해석을 상속한 인물에 불과하다. 그러나 쇼펜하우어가 다른 점은 그리스도교에 의해서 거절된 인류의 위대한 문화적 사실들이 그리스도교적인, 즉 허무주의적인 의미에서 긍정된다는 사실을 알았다는 점이다(즉 구원에 이르는 길로, 구원의 선행 형식으로, 구원에 대한 욕구의 자극제로서 말이다).

노경老境에 접어든 다비드 쉬트라우스의 독일적인 광기나 안이, 또는 언어 타락 등에 대한 분노의 폭발은 내가 학생 시절 독일적 교양이나 교양의 속물근성에 둘러싸여 있을 때 품었던 감정에 배출구를 마련해주었다(나는 현재 자주 사용되는, 아니 남용되고 있는 '교양의 속물'이란 말의 창시자임이 본인임을 주장한다).

또한 내가 역사학병에 반대했을 때는, 내가 이미 그 역사학병이란 것을 느긋하게, 그것도 고생하면서 회복하는 방법을 배운 사람으로서, 그리고 그 병 때문에 고생했다고 해서 역사학 공부를 단념하려는 생각은 전혀 하지 않는 사람으로서 이야기했던 것이다.

다음으로 내가 제3의 비시대적인 고찰에서 나의 최초이자 유일한 스승인 위대한 쇼펜하우어에 대한 존경심을 피력했을 때 나 자신은 이미 모럴리스트적인 회의와 해체 속에, 즉 페시미즘에 대한 비판과 그 심연 속에 있었던 것이다(지금이라면 나는 쇼펜하우어에 대한 존경심을 좀 더 강렬하고 개인적인 감개로 피력했을 것이다).

다시 말해, 나는 그때 이미 민중이 말하는 것처럼 '이제는 그 아무 것도', 심지어 쇼펜하우어까지도 믿지 않았던 것이다. 그래서 바로 이 시대의 함函 속에 깊숙이 감춰둔 한편의 논문인 「도덕 이외의 의미에 있어서의 진리와 허위에 대해서」가 완성되었던 것이다.

1876년 바이로이트(한 예술가가 이룩해 놓은 최대의 승리를 뜻한다)의 승리 축전은 물론이고 내가 리하르트 바그너에게 경의를 표한 축사까지 도, 즉 얼핏 보면 가장 강렬한 현실감을 나타내는 작품까지도 더 깊 은 곳으로 들어가보면 내 과거의 인생 항해 가운데 가장 아름답고 위 험한 무풍 상태에 대한 경의와 감사인 동시에 하나의 이별이자 결별 이었던 셈이다.

『바이로이트에서의 바그너』는 나의 미래 비전이다. 그에 비해 『교 육자로서의 쇼펜하우어』에는 나의 가장 내면적인 역사와 생성, 그리 고 무엇보다도 나의 서약이 담겨 있다. 즉, 내가 나로서 존재하는 것, 내가 오늘날 있는 곳에서는 하나하나의 낱말이 체험되었다. 그때까지만 해도 나는 그것으로부터 얼마나 멀리 떨어져 있었던가! 그러나 나는 육지를 봤다. 나는 한순간도 길, 바다, 위험, 성공을 착각한 적이 없다. 약속 가운데서의 커다란 안정, 약속으로만 그쳐서는 안 되는 미래에 대한 행복한 예견을 체험한 것이다. 그것도 깊이, 은밀하게 말이다.

그렇다고 고통스러운 낱말이 없는 것은 아니다. 그 속에는 정말 피비린내 나는 낱말들도 있다. 그러나 위대한 자유의 바람이 모든 것 위를 지나간다. 상처조차도 다른 의미로 작용하지 않는다.

바그너와의 첫 만남

FRIEDRICH WILHELM NIETZSCHE

바그너와 나는 독일적이라는 개념에 대해서는
필연적으로 염세주의자였다.

나는 나의 인간적인 관계에서 다른 모든 것은 쉽게 내버릴 수 있다.
그러나 트리브셴에서의 나날만은 내 생애에서 어떠한 일이 있어도
결코 내주고 싶지 않다. 신뢰와 쾌활함의 숭고한 나날, 깊은 순간들의
그 나날만은 말이다.

나는 다른 사람들이 바그너와 함께 무엇을 경험했는지 잘 모른다.
그러나 우리 위의 하늘에는 구름 한 점도 흘러간 적이 없다.

내가 내 가장 깊은 본능 속에서 모든 독일적인 것과 얼마나 멀어졌
던지, 한 명의 독일인과 가까이 있기만 해도 벌써 소화가 안 될 정도
였다. 바그너와의 첫 만남은 내 생애에서 온갖 독일적인 미덕에 대한

대립으로서, 그리고 인격화된 부분으로서 가장 절실하게 다가오고 존경으로 가득했다. 늪지대 같은 1850년대의 공기 속에서 어린이로 자란 바그너와 나는 독일적이라는 개념에 대해서는 필연적으로 염세주의자였다.

아무리 생각해도 나에게 바그너의 음악이 없었더라면 나는 청년시절을 견디지 못했을 것 같다. 나는 바그너가 창조해낼 능력이 있는, 바그너 이외엔 아무도 그곳에 나아갈 날개를 갖고 있지 않은 50개의 낯설고 황홀한 세계를 그 누구보다 더 잘 알고 있다고 생각했다.

그런데 나는 가장 의심스럽고 위험한 것까지 이로운 것으로 불리고 강해질 만큼 충분히 강해져서, 나는 바그너를 내 생애의 가장 위대한 은인이라고 부른다.

『바그너의 경우』를 올바르게 평가하기 위해서는 마치 상처가 크게 난 것처럼 음악의 운명을 괴로워해보지 않으면 안 된다. 그렇다면 음악의 운명에 괴로워한다는 것은 구체적으로 무엇을 괴로워하는 뜻일까? 그것은 음악이 세계를 밝게 만든다는 긍정적인 성격을 상실함으로써 퇴폐적인 동시에 더 이상 디오니소스의 괴리가 아니라는 점에서 찾을 수 있다.

그러나 음악의 문제를 자신의 문제처럼, 자신의 수난사受難史처럼 느끼는 사람이라면 이 책을 읽기에 충분한 자격을 갖춘 셈이다. 그런 점에서, 내가 늙은 포병으로서 바그너에 대해 나의 중포重砲의 포문을 여는 일쯤은 문제가 되지 않는다는 데 누가 의심의 말을 던지겠는가? 그러나 나는 이 문제에 있어서의 모든 결정적인 부분을 나에게 그냥 남겨두었다. 즉, 나는 바그너를 사랑했던 것이다.

　서른여섯의 나이에 나는 생명력의 제일 아래 지점에 이르렀다. 나는 그때까지 살고는 있었지만, 세 발짝 앞도 내다보지를 못했다. 1879년 그때, 나는 바아젤 대학의 교수직을 사임한 뒤 여름 내내 생 모리츠에서 마치 그림자처럼 지냈고, 내 평생에서 가장 햇볕이 귀했던 그 해 겨울에는 나움부르크에서 그림자로 살았다.
　확실히 그때가 결별하기에 가장 좋은 기회였다. 그리고 이러한 사실은 그 자리에서 입증되었다. 내 눈에 가장 찬란한 승리자로 보였던 리하르트 바그너도 실은 절망적이며 부패한 낭만주의자로, 제대로 반항 한 번 못하고 그리스도교의 십자가 아래 머리를 조아리고 말았던 것이다.
　도대체 그 당시에는 이 무서운 광경을 애도할 만한 눈을 가진, 또는 양심을 가진 독일인이 단 한 명도 없었단 말인가? 그 광경을 보고 가슴 아파한 사람이 나 혼자뿐이었단 말인가?
　아무튼 누구에게도 말할 수조차 없었던 그 사건이 나에게는 내가 이미 지나온 지점을 밝게 비추는 번갯불과 같았다. 그리고 그 사건은 위험하다는 사실도 모른 채 위험 속을 달려온 사람이라면 누구나 느낄 수 있는 사후事後의 전율을 느끼게 했다.
　그 이후 나는 고독의 길을 걸어오면서 줄곧 몸을 떨었다. 머지않아

병이 들었던 것이다. 아니, 병 그 이상이었다. 즉, 지쳐버린 것이다. 나의 과제, 그것은 도대체 어디로 가버렸단 말인가? 나의 과제는 이제 나에게서 손을 떼어버려 나에게는 그에 관한 아무런 권리도 없는 것이 아닐까? 이 최대의 궁핍을 견뎌내기 위해 무엇을 해야 한단 말인가?

나의 시작은 낭만주의적인 음악을 철저히, 그리고 근본적으로 나 자신에게 금지하는 일이었다. 즉, 정신의 엄격함과 희열을 빼앗아가고, 모든 종류의 불명확한 동경과 욕망을 가져오는 이 애매하고 거짓되고 답답한 예술을 금지했던 것이다.

그런 점에서 『음악에의 조심cabe musicam』은 오늘날 정상적인 면에 대해 결백성을 지킬 만한 남성다운 모든 사람에게 보내는 나의 충고다.

그 당시 내가 결정한 일은 바그너와의 절교 따위가 아니었다. 그것이 바그너든 바아젤의 교수직이든, 나는 이러한 실책의 하나하나가 단순히 하나의 징조에 불과한, 내 본능의 전체적인 착란 증상이라고 느꼈던 것이다. 나 자신에 대한 조급증이 엄습해왔다. 그리고 나는 지금이 자신을 반성할 최적의 시기임을 알아차렸다. 그것은 갑자기 끔찍할 정도로 뚜렷하게 다가왔다. 얼마나 많은 세월이 벌써 낭비되었는가? 그리고 얼마나 쓸모없이, 얼마나 제멋대로 언어학자로서의 생애가 내 본연의 사명에서 두드러져 나타났는가? 나는 이러한 그릇된 겸손을 부끄러워했다.

인간적인 너무나도 인간적인

FRIEDRICH WILHELM NIETZSCHE

자유로운 정신을 위한 책.
'너희가 이상적인 것들을 보는 곳에서 나는 본다.
인간적인 것을, 너무도 인간적인 것을.'

『인간적인 너무나도 인간적인』이 마침내 완성되어 내 손에 들어왔다. 이는 중환자인 나에게 깊은 감탄을 안겨주었다. 책이 내 손에 들어온 날, 나는 여러 곳 가운데 바이로이트로 두 권을 보냈다. 그런데 우연 속에 깃들인 의미심장한 기적으로 인해 그날 나에게는 한 권의 아름다운 『파르시팔』이 도착했다. 거기에는 '나의 고귀한 벗 프리드리히 니체에게. 교직자 회원 리하르트 바그너 근정'이라는 헌사가 적혀 있었다.

두 책의 묘한 엇갈림! 나는 그때 불길한 소리를 들은 듯했다. 마치 두 개의 단검이 교차하는 듯한 소리가 나지 않았는가? 여하튼 우리

두 사람은 그렇게 느꼈다. 그 증거로, 우리는 둘 다 침묵을 지켰던 것이다. 이 무렵, 「바이로이트 신문」이 처음으로 발간되었다. 나는 드디어 무엇을 할 때가 되었다는 사실을 깨달았다. 믿을 수 없는 일, 바그너가 신앙심이 깊어졌다니⋯⋯!

『인간적인 너무나도 인간적인』의 첫머리는 최초의 바이로이트 축제극이 상연되던 몇 주일 동안에 씌어졌다. 그곳에서 나를 에워싸고 있던 모든 것에 대한 짙은 낯선 감정이 『인간적인 너무나도 인간적인』의 전제 조건 가운데 하나다. 트리프센, 그것은 행복한 사람들이 사는 피안의 섬에 불과했다. 닮은 데라곤 전혀 없었다. 무엇에도 비할 수 없는 나날들, 기공식을 축하하기 위해 손가락을 사용할 필요조차 없는 작은 집단, 이제는 닮은 데라곤 그림자조차 없었다. 무슨 일이 일어났던가?

가여운 바그너! 그는 어디로 빠져든 것인가? 차라리 돼지 사이에 들어갔으면 좋으련만. 하필 독일인 사이에 빠져들다니! 이 정도면 충분하다. 나는 그 행사가 있을 때 2~3주일 예정으로 여행을 떠나버렸다. 그것도 아주 갑작스럽게, 더구나 매력적인 파리의 한 아가씨가 나를 위로해주기 위해 애썼음에도 말이다. 나는 단지 한 통의 숙명적인 전보로 바그너에게 사과했을 뿐이다. 나는 보헤미아 숲속에 깊이 숨겨진 클링겐브룬에서 나의 우울증과 독일인에 대한 멸시를 병처럼 이리저리 끌고 다녔다. 그리고 때때로 『쟁기의 날』에 나온 문장들을 내 수첩에 하나씩 적어 넣곤 했다. 모두가 가혹한 나의 심리학적 고

인간적인 너무나도 인간적인
·

찰로, 지금도 『인간적인 너무나도 인간적인』에서 이 고찰을 다시 찾아볼 수 있을 것이다.

『인간적인 너무나도 인간적인』은 엄격한 자기 도야의 기념비다. 온갖 '고등 사기', '이상주의', '아름다운 감정', 그리고 그 밖의 여성적인 것들에 대한 난데없는 종말을 마련해준 이 기념비는 주요 부분이 모두 솔렌토에서 집필되었다. 그리고 솔렌토의 환경과는 비교할 수 없을 정도로 나쁜 환경, 즉 바아젤의 겨울에 그것에 대한 종말과 최종적인 형태를 얻었다.

이 책에 대해 책임감을 가지는 사람은 그 당시 바아젤 대학교에 다니면서 나에게 매우 큰 도움을 준 페터 가스트다. 나는 고통 속에서 머리를 동여맨 채 그에게 내용을 불러주었고, 그는 받아썼다. 그리고 그 내용을 교정 본 사람도 바로 그였다. 그런 점에서 나는 단순한 작가에 불과하며, 사실상의 필자는 페터 가스트다.

도덕적 선입견의 유래에 대한 나의 사상은 『인간적인 너무나도 인간적인 자유정신을 위한 책』이라는 잠언집 속에서 간략하게나마 이미 첫 선을 보였다. 이 책은 솔렌토에서 집필되기 시작했다.

그 겨울철은 내가 방랑자의 걸음을 멈춘 채 그때까지 내 정신이 거쳐온 저 드넓고 위험한 땅을 바라보도록 나에게 허락된 시간이었다. 즉 1876년부터 1877년 겨울까지의 일이다. 그러나 사상 자체는 그 이전부터 존재했다.

『인간적인 너무나도 인간적인』은 위기의 기념비로, 자유로운 정신을 위한 책이다. 이 책에서는 거의 모든 문장 하나하나가 승리를 표현하고 있다. 그것으로써 나는 내 천성에 알맞지 않은 것으로부터 자신을 해방시켰다. 나의 천생에 알맞지 않은 것은 바로 이상주의다.

이 책의 제목은 '너희가 이상적인 것들을 보는 곳에서 나는 본다. 인간적인 것을, 너무도 인간적인 것을'이라고 말하고 있다.

나는 인간을 더 많이 알고 있다. 그리고 '자유정신'이라는 말이 이외의 다른 어떤 의미로 이해되기를 원하지 않는다.

사실 나는 한때 필요에 의해서 나 자신을 위한 '자유정신'을 고안했다. 즉 질환, 고집스러움, 타향, 무관심, 무위無爲 같은 좋지 않은 것들에 둘러싸여 있던 당시의 나는 기분을 상하지 않기 위해서 자유정신이라는 동반자가 필요했던 것이다.

지껄이고 싶으면 같이 지껄이고, 웃고 싶으면 같이 웃으며, 심심해지면 악마가 될 수도 있는 '자유정신' 같은 용감한 동반자는 나에게 친구가 없는 데 대한 보상과 환영으로서 필요했다.

건강에 대한, 삶에 대한 철학
FRIEDRICH WILHELM NIETZSCHE

병은 나에게 가만히 누워 있고, 느긋하게 기다리면서
참도록 하는 강요를 선사해주었다.
그 강요는 바로 사색이었다.

그 당시 나는 가장 과묵하고 깊이 고뇌하는 사람만이 흉내 낼 수 있
는 은자隱者풍의 말투를 익혔다. 나는 듣는 사람 따위에는 무관심한
듯 말했다. 이는 침묵의 괴로움을 피하기 위해서였다. 나는 나 자신과
아무런 관계가 없는 일들을 마치 그것이 나와 어떤 관계가 있는 듯이
말했다. 그때 나는 쾌활하거나 객관적이거나 호기好奇적이거나 건전
하거나, 또는 심술궂게 행동하는 모든 기술을 익혔다.

하지만 뛰어난 관찰력과 동정심을 지닌 인사라면 이와 같은 나의
언사의 매력이 무엇인지를, 즉 나의 언사를 통해 고뇌와 궁핍 속에
사는 한 남자가 마치 고뇌도 궁핍도 모르는 것처럼 태연히 말하고 있

다는 사실을 알 수 있을 것이다.

다시 말해, 당시의 나는 내 눈을 한 바퀴 회전시켰던 것이다. 미래의 그 어느 때인가 다시 염세주의자로서의 자격을 갖출 수 있도록 회복을 목적으로 한 낙천주의로 향하는 일을 여러분은 이해할 수 있겠는가? 의사는 환자로부터 그의 모든 과거, 괴로움, 친구, 의무, 소식, 어리석은 일, 추억의 괴로움 등을 제거하기 위해, 또한 손이나 감각이 새로운 양식과 햇빛과 미래를 향하게 하기 위해 환자로 하여금 완전히 새로운 환경으로 옮겨가도록 한다.

이처럼 나는 나 자신에게 아직 한 번도 시도한 적이 없는 새로운 영혼으로 여행할 수 있는 낯선 땅, 낯선 일 등 모든 종류의 낯선 것에 대해 호기심을 갖도록 강요했던 것이다.

전체적으로 보면, 나는 건강하다. 한구석, 한 특수성으로서의 나는 퇴보적 인간이다. 절대적으로 고독해지려 할 뿐 아니라 익숙한 생활 환경에서 스스로를 분리해내려는 저 에너지, 즉 더 이상은 나 자신을 돌보고, 간호하고, 의사의 치료를 받게 하지 말라고 스스로에게 강요한다. 이는 그 당시 나에게 무엇이 제일 중요한지에 대해 내가 가졌던 무조건적 본능의 확실성을 말해주는 것이다.

나는 나를 스스로 맡았다. 그리고 나를 스스로 건강하게 만들었다. 어떤 생리학자도 인정하겠지만, 그러기 위한 조건은 근본적으로 원래 건강해야 한다는 점이다. 근본적으로 허약한 사람은 건강해질 수 없을 뿐 아니라, 자신을 건강하게 만들 수도 없다.

이와 반대로 근본적으로 건강한 사람에게는 병을 앓는 일이 삶에 대한 힘찬 자극이 될 수도 있다. 실제로, 오랜 질병의 시기가 나에게는 그렇게 여겨지고 있다.

병이 서서히 나를 풀어주었다. 그 덕에 나는 모든 절교나 폭력, 또는 불쾌한 짓을 하지 않아도 되었다. 그 당시 나는 남의 호의를 잃기는커녕 오히려 훨씬 더 많은 호의를 얻었다. 또한 병은 모든 습관을 완전히 뒤집어엎을 권리를 나에게 주었다.

병은 나에게 망각을 허용했으며, 명령했다. 병은 나에게 가만히 누워 있고, 느긋하게 기다리면서 참도록 하는 강요를 선사해주었다. 그 강요는 바로 사색이었다. 오직 내 눈만이 온갖 책벌레짓, 즉 언어학과 멀어졌다.

나는 '책'으로부터 구제되었으며, 몇 년 동안 책을 더 이상 읽지 않았다. 이것이 내가 자신에게 이제까지 보여준 가장 큰 자선이었던 것이다. 다른 사람의 자아에 끊임없이 귀를 기울여야 하는 독서라는 짐 밑에 깔린 채 소리를 죽이고 있던 맨 밑바닥의 자아가 서서히, 그리고 수줍게, 의심스러운 듯이 눈을 떴다. 그리고 마침내 다시 말을 하기 시작했다. 내 생애에서 가장 병이 극심하고 고통스러웠던 이 시기만큼 많은 행복을 누렸던 적은 결코 없었다.

'자기에로의 귀환'이 무엇이었는지를 이해하기 위해서는 『서광』 또는 『방랑자와 그 그림자』 같은 작품을 보면 된다. 그것은 최고 형태의 회복 그 자체였다. 그리고 다른 회복은 이것의 결과에 불과했다.

　나의 특권은 건강한 본능의 모든 징조를 알아차리는 최고의 자유를 지니고 있다는 점이다. 나에게는 병적인 특징이 하나도 없다. 심지어 중병에 걸렸던 시기에도 병적이 되지 않았다. 내 본질에서 광신주의의 한 가닥 흔적을 찾으려고 해도 전혀 소용없는 짓이다.

　사람들은 내 생애의 어떤 순간에서도 광신주의와 관련한 결정적인 태도를 찾아낼 수 없을 것이다. 자세의 파토스(욕정·기쁨·슬픔·노여움 등 일시적인 정념의 작용)는 위대함에 속하지 않는다. 그림처럼 풍채가 좋은 모든 인간을 반드시 조심해야 한다.

차라투스트라는 이렇게 말했다

FRIEDRICH WILHELM NIETZSCHE

차라투스트라는 어떻게 산에서 내려와
모든 사람들에게 가장 자비로운 말을 하게 된 것인가?
이제까지 인간이 위대하다고 일컬었던 모든 것들이 그의 발밑에 놓여 있다.

이제 『차라투스트라는 이렇게 말했다』에 대해 이야기하겠다. 이 책의 근본 개념, 즉 도달할 수 있는 한도에 있어서 긍정의 최고 정식定式인 영원 회귀의 사상은 1881년의 8월에 씌어졌다. 그것은 한 장의 종이 위에 다음과 같은 단서와 함께 기록되었다. '인간과 시대의 저편 6,000피트…….'

그날 실바푸라나의 호수를 따라 숲속을 거닐고 있던 나는 주르라이에서 멀지 않은 곳에서 거대한 피라미드 모양으로 솟아 있는 바위 옆에 멈춰 섰다. 그때 나에게 그 말이 떠올랐던 것이다.

그해 겨울을 나는 제네바에서 멀지 않은, 쾌적하고 고요한 라팔로

만灣에서 보냈다. 그곳은 키아바리와 포르토 피노 곶 사이에 파고들어 있었다. 나의 건강은 썩 좋은 상태가 아니었다. 게다가 겨울은 추웠고, 비는 지나치게 많이 내렸다. 바닷가에 바로 붙어 있는 조그만 여관, 파도가 높이 치는 밤바다는 잠을 이루지 못하게 했으며, 모든 면에서 바람직한 방향과는 정반대로 진행되었다. 그럼에도 모든 결정적인 일은 '그럼에도 일어난다'라는 내 명제가 옳다는 사실을 증명하듯 『차라투스트라는 이렇게 말했다』는 그해 겨울 이러한 악조건 속에서 씌어졌다.

오전에 나는 남쪽 방향인 소알리로 가는 멋있는 길을 따라서 전나무들 곁을 지나 멀리 바다를 내려다보며 언덕을 올랐다. 오후에는 건강이 허락한다면 산타 마르게리타에서 포르토 피노의 뒤쪽에 이르기까지 만灣을 모두 돌았다. 이 두 길을 거니는 도상에서 『차라투스트라는 이렇게 말했다』 제1부의 전부가, 그리고 무엇보다도 차라투스트라 자체가 하나의 전형으로서 떠올랐다. 좀 더 정확히 표현하면, 그가 나를 기습했던 것이다.

1883년 2월 『차라투스트라는 이렇게 말했다』 제1부를 완성한 나는 그 뒤 2~3주일 동안 제네바에서 앓아누워 있었다. 그리고 로마에서의 우울한 봄이 뒤따랐다. 그곳에서 나는 삶을 겨우 이어갔으며, 이는 결코 쉬운 일이 아니었다. 로마는 자의적으로 선택한 곳이 아니었고, 차라투스트라의 시인에게는 지상 최악의 지역이었기 때문에 나는 무척 짜증이 났다.

그래서 그곳에서 벗어나 아퀼라로 가려고 했다. 아퀼라는 로마에 대한 반대 개념으로서, 언제가 됐든 내가 하나 세우고 싶은 도시처럼 로마에 대한 적의로 세워진 곳이다. 하지만 반그리스도교적인 지방을 찾으려는 수고에 지친 나머지 나는 결국 바르베르니 광장에 만족하기로 했다. 그곳에서는 로마를 개관할 수도 있었고, 저 아래 깊숙한 곳에서 분수물이 콸콸 흐르는 소리도 들을 수 있었다. 광장 위의 높은 전망대에서 가장 고독한 노래인 '밤 노래'가 지어졌다.

여름에는 『차라투스트라는 이렇게 말했다』에 대한 생각이 처음 내 뇌리를 번개처럼 스쳤던 성지聖地로 귀향해 제2부를 발견했다. 이는 열흘로 충분했다. 나는 어떤 경우에도, 제1부와 마지막 제3부의 경우에도 그 이상의 시간은 더 필요하지 않았다.

그해 겨울, 당시 처음으로 내 인생에 비쳐 들어온 니스의 온화한 하늘 아래에서 나는 『차라투스트라는 이렇게 말했다』의 제3부를 발견했다. 그리고 그것은 완결되었다. 전부 통틀어 1년이 될까 말까 한 시기였다. 많은 추억이 숨겨진 니스는 순간들로 깃든 장소들과 언덕들로 인해 결코 잊을 수 없는 곳이다.

내 글들 중에서 『차라투스트라는 이렇게 말했다』는 독자적인 위치를 차지한다. 이로 인해 나는 인류에게 지금까지 주어진 가장 큰 선물을 준 것이다. 수천 년을 넘어서 울려 퍼질 만큼의 큰 소리를 지닌 이 책은 세상에 존재하는 최고의 책일 뿐 아니라 참다운 높은 희망에 대한 공기의 책이며, 또한 가장 심오하면서도 내부 깊이 존재하는 보고寶庫에서 태어났다. 즉, 황금과 자비로 가득 채워져 있는, 퍼내도 퍼내도 바닥이 드러나지 않는 샘과 같다.

『차라투스트라는 이렇게 말했다』가 나오기 전에는 어떠한 지혜나 영혼 탐구나 화법도 없었다. 잠언은 정열에 떨고, 웅변은 음악이 되며, 번갯불은 이제까지 추측된 적이 없는 미래를 향해 미리 내던져진다. 이제까지 있었던 가장 강력한 비유력도 빈약할 뿐이며, 상징성의 천성으로 되돌아온 언어와 비교한다면 실로 장난에 불과하다.

그런데 차라투스트라는 어떻게 산에서 내려와 모든 사람들에게 가장 자비로운 말을 하게 된 것인가? 어째서 그는 자신의 적인 승려들의 손을 부드럽게 잡고, 그들과 더불어 그들의 문제로 괴로워한단 말인가? 여기에서는 매 순간 인간이 극복되는 동시에 '초인'이라는 개념이 가장 큰 현실이 되었다. 즉 무한히 먼 거리에 있으며, 이제까지 인간이 위대하다고 일컬었던 모든 것들이 그의 발밑에 놓여 있다.

사람들은 언젠가, 지금 내가 살고 가르치는 것처럼, 살고 가르칠 기관을 필요로 할 것이다. 아마도 그때는 『차라투스트라는 이렇게 말했다』를 해결하기 위한 강좌가 몇 개 개설될지도 모른다.

침묵이 허용되지 않을 때만 말해야 한다

FRIEDRICH WILHELM NIETZSCHE

나의 야심은 다른 사람이 한 권의 책 속에서 말하는 점,
다른 모든 사람이 한 권의 책 속에서도 말하지 못하는 점 등을
열 개의 문장으로 말하는 것이다.

침묵이 허용되지 않을 때만 말해야 한다. 더욱이 자기 자신이 극복한 것에 한해서만 말해야 한다. 그 밖의 것은 요설饒舌이요, 일종의 문학이요, 훈육의 결여에 불과하다. 내 저서들은 나 자신이 극복한 것만을 말할 뿐이다.

그중에는 '나 자신'이 적이라고 생각했던 모습을 한 '나 자신'이 존재한다. '가장 개인적인 자아ego ipsissimus'가 아닌, 이를 가장 교묘하게 표현한 '가장 개인적인 존재로 화化한 자아ego ipsissimum'가 존재한다. 이처럼 나는 이미 모든 것을 극복했다.

그러나 이는 나 자신이 이미 경험한 것들이다. 단, 나 자신의 진실

이나 운영 같은 무언가를 배후로부터 껍질을 벗기거나 파헤치거나 그려내거나 인식하고 싶은 마음이 나에게 생기기까지는 늘 시간과 회복, 거리가 필요했다. 그런 의미에서 내 저서들은 결정적인 것만 빼면 모두 그것이 만들어진 일부를 거슬러 올라가 살펴봐야 한다. 즉, 내 저서들은 늘 '나의 배후'에 대해 말하고 있다.

한 상태를, 파토스의 내면적 긴장을 기호의 템포까지 포함해 기호를 통해 전달하는 것이 모든 문체의 의미다. 그런데 나 같은 경우는 유별날 정도로 다양한 내면적 상태를 지니고 있기 때문에 나에게는 문체의 많은 가능성이 존재한다. 이제까지 어느 누구도 갖지 못했던 문체의 가장 다양한 예술 말이다.

내면적인 상태를 생생하게 전달하는 모든 문체, 그리고 기호와 기호의 템포 및 몸짓을 잘못 다루지 않은 모든 문체는 좋다. 나의 본능은 이 점에서 틀리는 경우가 없다. 좋은 문체는 그 자체로 순진한 바보짓이다. 예를 들어, '미美 자체'처럼 '선善 자체'처럼 '사물 자체'처럼, 단순한 '이상주의'인 것이다.

그런데 그것을 듣는 귀가 존재한다. 즉, 그와 똑같은 파토스를 가질 능력이 있고 그럴 만한 가치가 있는 것, 그것을 전달해도 되는 사람들이 존재한다는 것이 전제되어 있다. 예를 들어, 나의 『차라투스트라는 이렇게 말했다』도 당분간은 그러한 사람들에게 음미할 만한 가치가 있어야 하는 것이다. 그리하여 그런 사람이 나타나기까지는 『차라투스트라는 이렇게 말했다』에서 마음껏 구사된 예술을 이해하는 사람은 단 한 명도 없을 것이다.

나를 제외하고 지금까지, 정말 처음으로 차라투스트라를 위해 처음 창조된 전대미문의 예술 수단을 마음껏 구사하지 않으면 안 되는 사람을 보지 못했다. 이러한 예술 수단이 다름 아닌 독일어로 가능하다는 사실이 비로소 입증된 것이다. 나조차도 이전까지는 사람들이 독일어로 무엇을 할 수 있는지를 알지 못했다. 이 언어로 도대체 무엇을 할 수 있을지 몰랐던 것이다.

나는 때때로 나 자신에게 "왜 군이 독일어로 글을 쓰는가?"라고 묻는다. 내 조국에서보다 더 서툴게 내 글이 읽히는 나라도 없을 것이다. 하지만 누가 과연 내가 내 글이 읽히기만을 바라는지 어떤지를 알겠는가? 시간이 이를 시험하더라도 소용없는 사물을 창조하는 것, 그리고 형식에서 보더라도 소용없는 사물을 창조하는 것, 형식과 실질에서 보더라도 모두 불멸성을 위해 노력하는 것 이하의 것들을 나 자신에게 요구할 만큼 내가 겸손했던 적은 지금까지 없었다.

내가 독일사람 가운데 최초이자 제1인자로서 숙달된 잠언과 격언은 '영원성'의 형식이다. 나의 야심은 다른 사람이 한 권의 책 속에서 말하는 점, 다른 모든 사람이 한 권의 책 속에서도 말하지 못하는 점 등을 열 개의 문장으로 말하는 것이다.

나는 인류에게 가장 심오한 내용의 책을 선사했다. 즉, 『차라투스

트라는 이렇게 말했다』를 선사한 것이다. 그리고 가까운 미래에 가장
독립적인 책을 인류에게 선사하고자 한다.

차라투스트라는 이렇게 말했다

침묵이 허용되지 않을 때만 말해야 한다

낡은 진리는 끝장난다

FRIEDRICH WILHELM NIETZSCHE

'낡은 진리는 끝장난다.'
이보다 더 알맹이가 풍부하고 독립적이며
전복적이고 악의적인 책은 없을 것이다.

어찌나 짧은 시일 내에 제작되었는지, 며칠간 만들어졌다고 말하기에도 무안한 150쪽의 밝고 숙명적인 『우상의 황혼』은 하나의 예외적인 책이다. 이보다 더 알맹이가 풍부하고 독립적이며 전복적이고 악의적인 책은 없을 것이다. 이전의 모든 것이 어떻게 물구나무 서 있었는지를 간단하게 알고 싶다면 이 책을 먼저 읽어라.

제목에서 '우상'이라는 말은 매우 단순하게도 이제까지 진리라고 불린 것들을 가리킨다. 따라서 『우상의 황혼』을 독일어로 쉽게 말하면, '낡은 진리는 끝장난다'라는 뜻이다.

『우상의 황혼』을 끝낸 직후, 나는 하루도 헛되이 보내는 일 없이 가치 전환의 거대한 과업인 『반그리스도』를 집필하기 시작했다. 나는 매 순간 나의 불멸성을 의식하고 운명의 확실성을 떠안은 채 한 자 한 자 청동판을 새겨나갔다.

이 서문은 1888년 9월 3일에 씌어졌다. 내가 마침내 이 글을 마치고 바깥으로 나가자, 오번 엔가딘은 일찍이 경험하지 못한 가장 아름다운 날을 내 앞에 보여주었다. 지난봄, 내가 투명하면서도 여러 빛깔로 불타고, 얼음과 남국 사이에서 온갖 대립 및 중용을 내포하던 시일스 마리아에 홍수로 묶여 있다가 떠난 시기는 5월 20일이었다. 나는 이번에도 그때 빌렸던 집을 다시 빌렸다.

그 집에서는 빅토리오 임마누엘이 태어난 카를로 알베르토 광장뿐 아니라 구릉丘陵 지대도 내다보였다. 나는 이곳, 즉 웅장한 카리니아노 궁 맞은편에 위치한 카를로 알베르토 가街 6번지 4층에서 곧바로 다시 일에 착수했다. 그리고 마침내 9월 30일에 대승리! 나는 이 작업을 하면서 동시에 『우상의 황혼』 서문을 썼으며 휴양삼아 『우상의 황혼』 본문 교정도 봤다.

나는 일찍이 이런 가을을 경험한 적이 없었다. 또한 지상에서 이런 경험을 할 수 있으리라고는 전혀 생각지 못했다. 클로드 로렘 같은 화가가 계속해서 떠올랐다. 똑같은, 전체적으로 완벽한 매일 매일이 전개되었던 것이다.

『반그리스도』는 극히 일부의 사람만을 위한 책이다. 그런 점에서 이 책을 이해할 수 있는 사람은 지금까지 단 한 명도 이 세상에 태어나지 않았다. 이 책을 이해하는 사람들은 『차라투스트라는 이렇게 말했다』를 이해할 수 있는 사람들인지도 모른다.

그렇다면 나는 지금 이 내용들을 알아듣는 귀를 지닌 사람들과 전혀 그렇지 않은 나 자신을 혼동할 수 있단 말인가? 미래가 되어서나 나의 것이 문제화되고 이해될 것이다. 즉, 내가 죽은 다음에야 나를 이해하는 몇 사람이 이 세상에 태어날 것이다.

자기 방어의 본능

FRIEDRICH WILHELM NIETZSCHE

자기 방어의 본능을 흔한 말로 바꾸면 '취미'가 된다.
자기 방어 본능은 '자기 상실'이라는 긍정적 대답이 될지도 모를 어떤 상황에
'아니다'라는 부정적 대답을 하도록 명한다.

나는 무엇이든지 지금과 달라지는 것을 전혀 바라지 않는다. 나 자신이 달라지는 것도 바라지 않으며, 늘 그런 마음으로 살아왔다. 지금까지 소망을 가져본 적도 없다. 마흔네 살이 넘은 사람 가운데 지금까지 단 한 번도 명예, 여자, 돈 문제로 애를 태워본 적이 없다고 말할수 있는 사람이 과연 몇 명이나 있을까?

물론 나에게 명예, 여자, 돈이 전혀 없다는 의미가 아니다. 나는 어느 날 갑자기 대학교수가 되었지 않은가! 하지만 나는 한 번도 대학교수가 되어야겠다고 생각한 적이 없었다. 그도 그럴 것이, 당시 나는 겨우 스물네 살이었다! 그리고 그보다 2년 전 어느 날, 나는 문헌학

자가 되었다.

나는 술을 좋아하지 않는다. 내 인생을 '눈물의 계곡'으로 만드는 데는 한 잔의 포도주나 맥주면 충분하다. 하지만 뮌헨에는 나와 정반대의 사람들이 살고 있다. 나는 이 점을 조금 늦게 깨닫긴 했지만, 그와 관련한 경험은 어렸을 때부터 했었다.

소년 시절 나는, 포도주를 마시는 일은 담배를 피우는 일과 마찬가지로 처음에는 허영에서 시작해 나중에는 나쁜 습관으로 자리 잡게 된다고 믿었다. 내가 이런 판단을 내린 데는 나움부르크의 포도주에게도 어느 정도 책임이 있다.

포도주가 사람의 기분을 좋게 만든다는 말을 믿고 싶다면 나는 그리스도교도가 되어야 하는데, 이는 곧 나에게 부조리한 것을 믿으라고 강요하는 일과 같다.

나는 정결淨潔 본능이 무척이나 발달되어서 모든 영혼의 냄새를 맡을 수 있다. 이러한 발달된 민감성으로 인해 나는 심리적인 촉각마저 갖추고 있으며, 이것으로 온갖 비밀에 근접해 그것을 파악할 수 있다. 그래서 나는 여러 천성의 밑바닥에 숨어 있는 많은 오물, 즉 나쁜 피로 인해 생겨났지만 교육으로 풀칠이 된 오물을 거의 첫 번째 접촉만으로 의식할 수 있다.

내 성품을 본다면 나는 다분히 호전적이다. 공격은 내 본능에 해당한다. 적이 될 수 있다는 것, 적이 되어 있다는 것은 아마도 강렬한 천성을 전제로 하는 일이리라. 즉, 공격적 성향은 강력한 천성 속에서 나타나게 마련이며, 저항을 필요로 한다. 이러한 공격적 성향은 마치 복수심과 유감의 성향이 약함에서 오는 것처럼 강력함에서 오게 마련이다.

나는 개인을 그저 강력한 확대경의 하나로 이용할 뿐이다. 거의 잡을 수 없는 위험 상태를 눈에 보이도록 만들어주는 그러한 확대경 말이다. 그래서 나는 다비드 쉬트라우스를, 더 정확히 말해 독일 책 『교양』이 거둔 성공을 공격한 바 있다. 나는 이놈의 『교양』을 현행범으로 잡은 것이다.

즉, 나는 바그너 같은 닳아빠진 자들을 풍부한 인물로, 뒤떨어진 자들을 위대한 인물로 혼동하는 우리 '문화'의 허위성과 본능의 잡종성을 공격했던 것이다.

토지와 풍토는 신진대사의 저하 및 촉진에 영향을 미치는데, 이것을 잘못 선택한 사람은 자신의 과제로부터 멀어질 뿐 아니라 과제 자체를 송두리째 빼앗길지도 모르는 지경에 이르게 된다. 즉, 그 사람은 자신의 과제와 한 번도 대면할 수 없다.

신진대사의 템포는 자신의 발이 빠르냐 느리냐에 정확히 비례한다. '정신'은 신진대사의 일종에 불과하기 때문이다. 재기才氣가 풍부한 사람들이 있거나 있었던 곳, 재기·세련·악의 등이 행복에 속해 있는 곳, 천재가 필연적으로 익숙해 있던 곳들의 일람표를 만들어보라. 그 지역의 토지와 풍토는 모두 기가 막히게 건조한 공기를 갖고 있다. 파리의 프로방스 지방, 플로렌스, 예루살렘, 아테네 등이 이를 증명해준다.

이렇듯 천재는 건조한 공기와 맑은 하늘이라는 조건 하에서 탄생한다. 즉, 신속한 신진대사에 의해, 심지어 굉장한 양의 힘을 계속해서 공급할 수 있는 가능성에 의해 탄생하는 것이다.

나에게 있어서 휴양은 온갖 종류의 책을 읽는 것이다. 독서는 나를 자신으로부터 해방시켜줄 뿐만 아니라, 낯선 학문과 영혼 속을 산책하게 해준다. 단, 나는 그 세계를 진정으로 받아들이진 않는다. 그래서 독서는 나에게 진정한 휴양이 된다. 일에 골몰해 있는 동안에는 책을 볼 수가 없다. 독서뿐만 아니라 누가 내 가까이에서 지껄이거나 어떤 일을 생각하는 일조차 할 수 없도록 한다.

사람은 우연을, 외부로부터의 자극을 될 수 있는 한 많이 피하지 않으면 안 된다. 일종의 자기 농성은 정신적 혼란의 첫 번째 조건이다. 하나의 낯선 사상이 몰래 성벽을 넘어 올라오는 일을 허용할 것인가?

사람은 먹을거리, 토지, 풍토, 휴양을 선택할 때 자신의 본능을 따르게 되는데, 이 본능은 자기 방어의 본능으로서 가장 뚜렷하게 나타난다. 많은 것을 보지 않기, 듣지 않기, 자신에게 다가오지 못하게 하기 등은 최고의 영리함인 동시에 사람이란 우연이 아닌 필연적 존재라는 첫 번째 증거다.

자기 방어의 본능을 흔한 말로 바꾸면 '취미'가 된다. 자기 방어 본능은 '자기 상실'이라는 긍정적 대답이 될지도 모를 어떤 상황에 '아니다'라는 부정적 대답을 하도록 명할 뿐 아니라, '아니다'라는 대답을 최대한 적게 말하도록 명한다. 떠나도록, 자꾸만 되풀이해서 '아니다'라는 대답이 필요하게 될 그런 경우로부터 떠나도록……

나의 모든 실책, 모든 본능의 착각, 그리고 내 인생의 과업에서 벗어난 겸양謙讓(예를 들어 내가 언어학자가 된 겸양)은 왜 최소한 나의 눈을 뜨게 해주는 그 무엇이 되지 않았을까? 바아젤 시절의 내 온갖 정신적인 식이요법은 어떻게 하루를 나누는가를 포함해 뛰어난 힘을 무의미하게 소모했다.

당시에는 이 힘의 소모를 어떻게든 보충해줄 공급처나 소모와 보충 그 자체에 대해 생각조차 하지 않았다. 그리고 어떤 섬세한 자아성이나 명령적인 본능에 대한 어떠한 보호도 없었다. 그것은 누군가와 자신을 동일시하는 일종의 자기 상실, 타인과의 거리에 대한 망각, 그리고 나 자신을 결코 용서할 수 없는 그 무엇이었다.

나는 거의 끝까지 갔을 때, 끝에 다다랐다는 사실 하나만으로 내 인생의 이러한 근본적 무지각, 즉 '이상주의'에 대해 곰곰이 생각하게 되었다. 병이 나를 비로소 이성理性으로 이끌어주었던 것이다.

손에서 책을 놓는 일은 불가능하다

FRIEDRICH WILHELM NIETZSCHE

피로써 써라!
그럼 그대는 피가 정신임을 경험할 것이다.
피로써, 또 잠언으로써 쓰는 자는 읽히길 바라지는 않지만, 암송을 요구한다.

충분하면서도 단단하게 다져진 잠언은 글자만으로는 해독이 되지 않는다. 해독을 위해서는 해석을 해야 하는데, 그보다 먼저 해석의 기술이 필요하다. 물론 해석의 기술을 수련하기 위해서는 오늘날 제일 심각하게 잊힌 한 가지 사실이 필요하다(심각할 정도로 망각되었기에 내 저서를 읽을 수 있게 되기까지는 역시 많은 시간이 필요하다).

사람들은 이 한 가지 사실을 위해 소牛가 되어서는 안 되며, 어떠한 경우에도 '근대인'이어서는 안 된다. 그렇다면 그 한 가지 사실이란 무엇일까? 그것은 바로 되새기는 것, 즉 반추反芻다.

모든 책 가운데 나는 오직 피로 쓴 것만을 사랑한다. 피로써 써라!

손에서 책을 놓는 일은 불가능하다
·

그럼 그대는 피가 정신임을 경험할 것이다. 피로써, 또 잠언으로써 쓰는 자는 읽히길 바라지는 않지만, 암송을 요구한다.

산맥에 있어서의 최단 거리는 산정山頂에서 산정까지다. 최단 거리로 가기 위해서는 그대의 두 다리가 무척 길어야 한다. 잠언도 산정과 같다. 따라서 잠언을 듣는 자는 높고 크고 성장한 사람이어야 한다.

사람들이 나에게 "당신이 손에서 책을 놓는 일은 불가능하다. 심지어 책은 당신의 저녁 안식도 방해한다."라고 말한 적이 있다. 좀 더 자랑스럽게, 그리고 닳아빠진 종류의 책은 다르게 존재하는 것이 아니다. 그것은 최고의 높이, 즉 견유주의犬儒主義에 도달한다.

사람들은 내 글을 가장 부드러운 손가락으로 정복하는 동시에 가장 용감한 주먹으로 정복하지 않으면 안 된다. 영혼에 어떠한 결함이 있어서도 안 된다. 결코 안 된다! 심지어 조금의 소화불량도 갖고 있어서는 안 된다. 오직 희희낙락한 배[腹]를 갖고 있어야만 한다. 가난과 영혼의 구석에 고인 공기만이 희희낙락한 배를 갖지 못하게 만드는 것은 아니다. 비겁함, 불결, 오장五臟 속에 깃든 남모르는 복수심이 훨씬 더 그렇게 만든다.

나는 한마디 말로 모든 나쁜 본능을 얼굴에 몰아넣을 수 있다.

내 글의 공기를 호흡할 줄 아는 사람이라면, 그것이 고지高地의 공기이며 강렬한 공기임을 알 수 있다. 이 공기를 마시기 위해서는 그만한 자질을 갖추고 있어야 한다. 그렇지 않으면 그 공기에 휩싸여

감기에 걸릴 위험성이 있다. 얼음은 가까이에 있으며, 고독은 끔찍할
정도로 지독하다.

그러나 만물은 얼마나 고요하게 광명 속에 놓여 있는가! 사람은 얼
마나 많은 것이 자신의 아래에 존재한다고 느끼고 있는가!

의미가 담긴 책

FRIEDRICH WILHELM NIETZSCHE

'아직 빛나지 않은 매우 많은 서광이 있다'

인도의 비명碑銘

다소 중립적 태도로 지니고 있다면 『비극의 탄생』은 시대에 매우 적합하지 않은 책처럼 보인다. 사람들은 이 책이 뵈르트 부근에서 전투의 포성이 울려 퍼질 때 시작되었다는 사실을 상상조차 하지 못하리라. 나는 이 문제들을 메스 성벽 앞에서 9월의 차가운 밤마다 부상병들을 간호하면서 생각해냈다. 하지만 사람들은 이 글이 50년은 더 되었으리라고 믿을 것이다.

괴이한 책인 『비극의 탄생』의 밑바닥에 무엇이 가로놓여 있든지 간에 그것은 최상급의 매력을 지닌 문제임에는 틀림없다. 뿐만 아니라 하나의 심각한 개인적인 문제임에도 틀림이 없다.

이것에 대한 증거는, 1870~1871년의 보불전쟁이라는 어수선한 시기에 이 책이 완성되었다는 점이다.

『비극의 탄생』에 있어서의 결정적인 두 가지 혁신은 첫째, 그리스인들에 있어서의 디오니소스적인 현상에 대한 이해와 이 현상에 대한 최초의 심리학적 제시다. 즉, 이 책은 디오니소스적 현상 가운데 모든 그리스 예술의 한 근원을 보는 것이다.

둘째, 소크라테스주의에 대한 이해다. 즉, 처음으로 소크라테스가 그리스 해체의 도구로, 전형적인 퇴보자로 인식된 것이다. 본능에 거역하는 '합리성', 어떠한 대가도 불사하는 위험하고 삶을 뒤집어엎는 힘으로서의 '합리성'! 모든 책에는 그리스도교에 관한 깊고 적의에 찬 침묵이 존재한다.

네 편의 『비시대적 고찰』은 완벽하게 호전적이다. 그것들은 내가 '몽상가 한스'가 아니라는 사실을, 단검을 뽑는 일이 내게는 재미있다는 사실을, 나의 손목은 위험할 정도로 잘 움직인다는 사실을 증명한다.

제1편의 공격은 당시(1873년)에도 내가 심한 멸시감을 갖고 쳐다보던 독일의 교양에 대한 것이다.

제2편의 비시대적인 고찰(1874년)은 우리가 영위하는 학문적 경영의 위험성을 침식하고 그 중독성을 세상에 폭로하는 것이다. 즉, 제2편에서는 금세기가 자랑하는 '역사적 의미'가 병으로 퇴락해가는 전

형적인 징조를 처음으로 인식했다.

　제3편과 제4편에서는 문화의 좀 더 높은 개념에 대한, 즉 '문화'라는 개념의 회복에 대한 지표로서 가장 가혹한 자기 탐구와 자기 훈육의 두 모습이 제기되었다. 뛰어난 비시대적인 전형들과 그 주변에서 '제국', '교양', '그리스도교', '비스마르크', '성공'이라 불린 모든 것들에 대해 멸시의 전형들은 쇼펜하우어와 바그너, 또는 한마디로 말하면 니체인 것이다.

　『서광』은 도덕에 대한 나의 원정遠征에서 시작되었다. 그리고 이 책의 거의 모든 문장은 내가 바다와 더불어 유일하게 비밀을 간직하고 있던 제노바 근처의 어지러운 바위들 사이에서 고안되고 부화되었다. 지금도 이 책을 볼 때마다 거의 모든 문장이 그 바다의 심연에서 무엇을 다시 끌어내는 바위 모서리로 변한다.

　이 책의 모든 피부는 추억의 부드러운 전율에 오들오들 떤다. 이 책의 앞장에는 '아직 빛나지 않은 매우 많은 서광이 있다'라는 인도의 비명碑銘이 적혀 있다. 이 말을 처음 한 사람은 어디에서 저 새로운 아침은 물론이고 새로운 나날의 모든 계열과 모든 세계가 시작되는, 이제까지 미처 발견되지 않은 저 붉은 노을을 찾고 있는 것일까? 그 사람은 모든 가치의 전환 속에서, 그리고 모든 도덕적 가치로부터 헤어 나오는 것들 속에서 이제까지 금지되고 멸시되고 저주 받은 것들을 긍정하는 동시에 신뢰감으로 그것을 찾고 있었다.

이 긍정하는 책은 그 빛을, 그 사랑을, 그 상냥함을 온통 나쁜 것들 위에 쏟아붓는다. 즉, 이 책은 그것들에게 영혼, 양심, 생존에 대한 높은 권리와 특권을 되돌려주고 있는 것이다. 그렇다고 도덕이 공격받는 것은 아니다. 단지 그것들이 더 이상 눈에 들어오지 않을 따름이다.

이 책은 "혹은?"이라는 한마디의 말로 끝나는 유일한 책일 것이다.

『즐거운 지식』은 곧 정신의 농신제農神祭다. 그 정신은 무섭고도 지루한 박을 꾸준하고 단호하며 냉정하게, 그러나 아무런 희망도 없이 견디어 오다가 어느 순간 갑자기 희망과 건강에 대한 치유의 광희에 사로잡힌다.

여기에서 놀라운 사실은 불합리한 것과 어리석은 것들이 밝혀진다는 점이며, 하나의 가시 돋친 껍질로 인해 총애 받거나 유혹 받을 것 같지 않은 제諸문제에까지도 손을 뻗쳐 이 문제가 정력을 낭비하는 심히 자의적인 애정으로 밝혀진다는 점이다.

『즐거운 지식』은 전체가 궁핍과 무기력한 하나의 환락 또는 작약에 불과하다. 그 기쁨은 다시 돌아온 힘의 기쁨이고, 내일과 그다음 날에 대한 새로운 신념에 대한 기쁨이며, 장래에 대한 가까운 모험인 동시에, 다시 허용되고 믿어진 제諸목표에 대한 것으로, 홀연한 감정이나 예감의 기쁨 이외에는 아무것도 아니다.

『선악의 피안』(1886년)은 모든 본질적인 점에 있어서 하나의 현대성을 비판한 책이다. 현대 과학, 현대 예술, 심지어 현대 정치까지도 포함되어 있다. 동시에 이것은 덜 현대적인 하나의 반대 전형, 즉 고귀하면서도 긍정하는 전형에 대한 암시이기도 하다. 후자의 의미에 있어서, 이 책은 귀공자의 학설이다.

나는 다이너마이트다

FRIEDRICH WILHELM NIETZSCHE

끝내 문하생으로서만 있는 일은 스승에게 보답하는 길이 아니다.
나를 버리고 그대 자신들을 발견하라.
그리하여 그대들 모두가 나를 부정할 때, 나는 그대들에게 돌아가리라.

내 과업 중 긍정하는 부분이 해결된 다음 이번에는 같은 과업 중 부정하고, 부정을 행하는 나머지 반쪽이 찾아왔다. 이제까지의 가치 전환 및 그것의 위대한 싸움, 즉 결정의 날을 불러내는 일 같은 것들 말이다. 이때부터 내 모든 글들은 낚싯바늘이 되었다.

아마도 나는 그 누구보다도 낚시질을 잘 알고 있는 것이 아닐까? 아무것도 잡히지 않았지만, 그 잘못은 나에게 있는 것이 아니다. '물고기가 없었던 것이다.'

나는 내 운명을 안다. 어느 날엔가 내 이름에 거대한 그 무엇에 대한 추억이 결부되리라. 그 추억이란 이 지상에는 존재한 일이 없는 위기, 그지없이 큰 양심의 갈등, 이제까지 믿어지고 요구되고 신성화되던 모든 것에 대항해 불러내진 어느 결정에 대한 것이다.

나는 인간이 아니다. 나는 다이너마이트다. 그럼에도 나의 내부에는 종교의 개조 같은 것이라고는 하나도 없다. 종교란 천민의 일이다. 나는 종교적인 인간과 접촉한 뒤에는 반드시 손을 씻어야 한다. 나는 '신자'를 원치 않는다. 나는 사람들이 어느 날엔가 나를 '성자'라고 부를까봐 끔찍이 겁을 먹고 있다.

끝내 문하생으로서만 있는 일은 스승에게 보답하는 길이 아니다. 그런데 왜 그대들은 내 화관花冠을 벗기려고 하지 않는가? 나는 이제 그대들에게 명하노라. 나를 버리고 그대 자신들을 발견하라. 그리하여 그대들 모두가 나를 부정할 때, 나는 그대들에게 돌아가리라.

형제들이여! 진실로, 그때는 내가 잃었던 그대들을 다른 눈으로 탐색하리라. 그때 나는 그대들을 다른 사람으로서 사랑하리라.

2장

**깊은 고뇌는
인간을
고귀하게 만든다**

시작의 글

FRIEDRICH WILHELM NIETZSCHE

나의 벗이여! 젊었을 때 우리는 괴로웠다. 우리는 큰 병으로 인해 고통 받는 것처럼 청춘 그 자체로 인해 괴로웠다. 이것은 우리가 처해 있던 시대, 즉 연약한 모든 것과 최선의 힘으로써 젊은이의 마음을 거슬렀던 내면적 퇴폐 및 붕괴의 시대가 빚어낸 작용이었다.

붕괴에 따른 불확실성은 이 시대 고유의 성질이다. 왜냐하면 확고한 발판 위에 서 있는 것은 하나도 없고, 자신을 엄격하게 믿는 일도 없기 때문이다. 사람은 내일을 위해서 살지만, 이는 다음 날을 모르기 때문이다.

우리가 걸어가는 모든 곳은 미끄럽고 위험하며, 게다가 그때 우리

를 겨우 지탱해주던 얼음은 매우 얇았다. 우리 모두는 난풍暖風의 미
지근하고 불쾌한 숨결을 느끼고 있는 것이다. 우리가 더 걸어가려고
하는 곳은 이제 어느 누구도 계속해서 걸어갈 수 없게 될 것이다!

우리 시대의 행복을 느끼는 방법

FRIEDRICH WILHELM NIETZSCHE

문명이 무엇을 하고자 하는 적극적인 마음이나 욕망은
문화의 그것과 무엇인가 다르다.
아마도 그 무엇인가는 반대일 것이다.

두 가지 점에서 지금 시대는 행복하다고 할 수 있다. 첫째, 우리는 과거의 모든 문화와 그 소산所産을 향수享受할 뿐 아니라, 모든 시대의 가장 고귀한 피로 스스로를 양성하고 있다. 또한 우리는 개개의 문화를 낳은 여러 가지 힘의 마력에 아직도 충분할 만큼 가까이 있기 때문에 잠시나마 이 여러 가지 힘에 우리의 몸을 기쁨과 두려움의 마음으로 예속시킬 수도 있다.

이에 반해 이전의 문화는 스스로를 향수했기 때문에 사람들은 자신을 초월한 다른 쪽을 보지 않았다. 오히려 광대하거나 협소한 둥근 천장 모양의 종鍾으로 덮여 있어서, 하늘에서 빛이 내려오긴 했어도 그것을 뚫고 나아가지는 못했다.

둘째 미래 측면에서는, 사상 처음으로 우리의 눈앞에 땅 위의 모든 사람을 포함하는 인간적이고 보편적인 여러 목표들이 광대하게 펼쳐져 있다. 이와 동시에 우리는 초자연적인 조력助力도 없이, 더구나 불손함에 빠지는 일도 없이 이 새로운 임무를 스스로의 손에 쥘 수 있는 힘을 자각한다.

실제로 우리의 의도가 어떤 결과를 가져오든, 그리고 우리가 스스로의 역량을 과신한다고 생각하든 우리가 책임질 상대는 다름 아닌 우리 자신이다. 즉, 이제부터 인류는 스스로 좋아질 만한 자기 자신을 다룰 수 있는 것이다.

물론 늘 가장 쓰디쓰고 싫은 것만 빨아먹는 기묘한 꿀벌 같은 인간도 있다. 실제로 세상의 모든 것은 꿀이 아닌 어떤 것을 얼마만큼은 포함하고 있다. 이러한 사람들은 우리 시대의 행복을 나름대로 느끼는 방법, 즉 불쾌한 벌집을 계속해서 만드는 방법을 추구하는 것이 좋다.

어떤 문화라도 신화를 갖지 않는다면 건전하고 창조적인 자연력을 잃게 된다. 신화에 둘러싸인 지평선이 비로소 하나의 문화 운동 전체를 완결 짓고, 이것에 통일감을 주는 것이다.

어마어마한 현대 문화의 지나친 역사적 요구, 타국 문화의 무수한 수집, 몸을 불태울 것 같은 인식욕이 신화 및 신화적 고향인 모태母胎의 상실 이외에 무엇을 지시하겠는가?

오늘날 가장 심하게 공격당하고 있는 것은 바로 전통의 본능과 의지다. 이 본능에서 기원한 모든 제도는 현대 정신의 취미에 거슬리고 있다. 결국 전통 계승에 대한 감각은 무엇 하나 고려되고 있지 않으며, 행해지지도 않고 있다.

사람은 전통을 숙명으로 간주하고 있다. 사람은 그것을 규명하고 승인하면서도 희망하거나 바랐던 적은 없다. 매우 장기간에 걸친 의지의 긴장, 미래의 수세기를 처리할 수 있도록 하는 상태나 가치 평가의 선택이야말로 더없이 반현대적이다.

한 명의 인간과 마찬가지로 하나의 민족 역시, 체험을 통해 영원히 각인시키는 능력을 어느 정도로 갖추고 있는지에 따라 그 가치가 결정된다. 바로 이러한 능력에 의해 민족은 이른바 속세를 초월하게 되는 것이다. 왜냐하면 이러한 능력은 시간의 상대성과 삶의 진실에 관한, 즉 형이상학적인 의의에 관한 자신의 무의식적·내면적 확신을 제기하기 때문이다.

이것의 반대 형상은 민족이 스스로를 역사적으로 이해하고 자신의 주위를 둘러싼 신화의 방파제를 파괴하기 시작할 때 나타난다. 왜냐하면 모든 윤리적 귀결로서, 한 민족이 이전부터 이끌어오던 무의식적인 형이상학과의 결별은 일반적으로 파괴로 이어지기 때문이다.

문화와 문명의 정점은 서로 떨어져 있다. 심연을 사이에 둔 문화와 문명의 적대 관계를 혼동해서는 안 된다. 문화의 위대한 시점은 도덕적으로 말하면 부패의 시대요, 뒤집어 말하면 인간을 가축으로 만들려 의도하고 강제하려 하던 '문명'이다. 그리고 가장 정신적이면서도 대담한 본성을 지닌 사람에게는 이것이 참을 수 없는 문화의 시대다.

문명이 무엇을 하고자 하는 적극적인 마음이나 욕망은 문화의 그 것과 무엇인가 다르다. 아마도 그 무엇인가는 반대일 것이다.

과학은 무엇 때문에 존재하는가?

FRIEDRICH WILHELM NIETZSCHE

과학은 진리에 대한 일종의 교묘한 정당방위는 아닐까?
비겁과 허위 같은 것이 아닐까?
하나의 교활함이 아닐까?

그대, 현대인들이여! 그대들은 얼굴과 온몸에 50개나 되는 무늬를 그려놓고 앉아 있으니 내 어찌 놀라지 않겠는가! 더욱이 그대들 주위에는 또한 50개의 거울이 걸려 있다. 그리하여 그대들 빛깔에 아양을 떨고 또 본받고 있지 않는가!

진실로 그대 현대인들이여! 그대들 자신의 용모보다도 더 좋은 가면은 없으리라. 누가 그대들을 알아볼 수 있겠는가!

모든 것이 과거의 기호로 씌어지고, 과거의 기호는 다시 새로운 기호로 메워져 있다. 이리하여 그대 자신들은 이제 어떠한 기호의 해득자解得者도 알아볼 수 없을 정도로 스스로를 감추고 말았다. 이제는 어떠한 심장 검사관도 그대들이 신장을 가졌다는 사실을 믿지 않는다. 그대들은 물감과 아교를 칠한 종잇조각을 태워서 제조한 존재가 아니겠는가!

그대들의 면사포 속에서는 모든 시대와 온갖 민족이 휘황찬란하게 내다보이고 있다. 그대들의 자태에서는 온갖 풍속과 온갖 신앙이 눈부신 모습을 드러내고 있다.

그대들에게서 면사포와 이상과 분칠과 자태를 모두 벗겨버린다면, 남는 것이라고는 오직 새를 놀라게 할 정도의 초라한 것에 지나지 않으리라.

진실로 나 스스로도 놀라 자빠진 새다. 그대들의 치장을 벗겨버린 적나라한 모습을 보고 나는 놀랐다. 그 해골이 나에게 추파를 던지는 바람에 나는 도망쳤다.

나는 인간 사회에서 여러 가지 일들을 보고 들었다. 예를 들어, 어떤 사람은 눈 하나가 없고, 어떤 사람은 귀 하나가 없고, 어떤 사람은 발 하나가 없고, 어떤 사람은 혀나 코, 심지어 머리가 없었다. 그러나 이런 일들은 내가 보고 들은 일 가운데 사소한 것에 불과하다.

나는 이보다 더 나쁜 것을 보고 들었다. 또한 참으로 혐오스러운 많은 종류의 것들을 보고 들었다. 나는 그것을 하나하나 말하고 싶지는 않다. 그러나 그 가운데 몇 가지는 말하지 않을 수 없다. 다름 아닌, 어떤 하나만을 많이 소유한 대신 다른 모든 것이 결여된 사람은 하나의 큰 눈, 하나의 큰 입, 하나의 큰 배[服], 그 밖에 다른 어떤 큰 하나만을 가진 것에 불과하다는 사실이다. 나는 이런 사람을 '도치倒置된 불구자'라고 부른다.

나는 나의 적막에서부터 처음으로 이 다리를 건넜을 때 내 눈을 의심했다. 그래서 몇 번을 반복해본 다음에 드디어 "놀라운 귀다! 인간과 똑같은 크기의 귀다!"라고 말했다. 그러고는 더욱 자세히 보았다. 그 귀 밑에서 뭔가가 움직이고 있었다! 그것은 가련할 정도로 작고 빈약했다. 반면 이 거대한 귀는 말라빠진 작은 줄기 위에 붙어 있었다. 이 줄기는 바로 인간이었다!

안경을 끼고 보는 사람은 질투에 싸인 작은 얼굴을 볼 수 있을 뿐 아니라, 이 줄기 밑에 부풀은 영혼이 매달린 모습도 볼 수 있다. 그러나 민중이 말하는 바에 따르면, 이 위대한 귀는 단순히 하나의 인간일 뿐 아니라 위인이며 천재다. 그러나 나는 아직까지 민중이 말한 위인을 믿은 적이 없다.

나는 내 신념을 견지하고 그것을 바탕으로 판단할 뿐이다. 왜냐하면 이것 역시 너무 적게 가졌거나 한 가지만 너무 많이 가진 '도치된 불구자이다'이기 때문이다.

우리의 과학, 아니 모든 과학은 삶의 징후로 봤을 때 무엇을 의미하는가? 모든 과학은 무엇 때문에 존재하는가? 더 심하게 말해 어디에서 유래했는가? 혹시 과학성이란 염세주의에 대한 공포 내지는 도피에 지나지 않는 것이 아닐까? 과학은 진리에 대한 일종의 교묘한 정

과학은 무엇 때문에 존재하는가?

당방위는 아닐까? 그리고 도덕적으로 말하면, 비겁과 허위 같은 것이 아닐까? 또한 비교적으로 말하면, 하나의 교활함이 아닐까?

철학자와 과학적 인간

FRIEDRICH WILHELM NIETZSCHE

진정한 철학자는
'철학자 같지도 않게', '현자 같지도 않게', 무엇보다도 영리하지 않게
인생을 살아간다.

사람들은 오랫동안 철학자를 오해했다. 즉, 사람들은 철학자를 학구적이거나 이상적인 박사, 또는 퇴폐적이고 '현실을 망각한' 몽상가나 신에 취한 사람으로 간주했다. 예를 들어, 오늘날 누군가가 '현명하게' '철학자로서' 살고 있다고 칭찬받는다면, 이는 '영리하게 세상을 외면하면서' 살고 있다는 의미밖에는 없다.

어리석은 대중은 '예지'를 일종의 도피, 질 것 같은 승부에서 교묘히 달아나는 수단이라고 생각한다. 친구여, 우리도 그렇게 생각하고 있지 않은가? 그러나 진정한 철학자는 '철학자 같지도 않게', '현자 같지도 않게', 무엇보다도 영리하지 않게 인생을 살아간다. 그리고 인

생에서 수많은 시련과 유혹에 대한 중책 및 의무감을 느낀다. 또한 그들은 늘 자신을 걸고 위험한 도박을 한다.

소크라테스의 본질을 나타내는 하나의 열쇠는 '소크라테스의 다이 모니온'이라고 불리는 이상한 현상이다. 굉장한 수준의 지성 및 사고 능력이 동요하는 특별한 상황 아래에서도 소크라테스가 튼튼한 발판 을 가졌던 이유는 동요가 일어나는 그때 신의 소리가 들렸기 때문이 다. 그 소리는 바로 그 순간에 반드시 손을 떼라고 경고했다.

이상한 인물들에게는 이러한 본능적 지혜가 의식적인 인식을 저지 할 경우에만 나타난다. 반면, 생산적인 인간의 경우에는 본능적 지혜 가 바로 창조적·긍정적인 힘이며, 의식은 비판적·경고적 역할을 한 다. 하지만 소크라테스에게 있어서 본능적 지혜는 '비판자'인 동시에 '의식의 창조자'이다. 이것이야말로 결함에서 나타나는 진정한 괴물 이 아니던가!

철학자와 과학적 인간의 문제인 나이의 영향과 습관, 칸트식의 칩 거, 과로, 영양 부족, 독서, 더욱 본질적으로는 데카당스의 징후가 이 미 보편성의 경향에 속했던 것이 아니었나 하는 문제, 의지의 분산으 로서의 관성……, 이것들은 강한 충동에 대한 무관심을 전제로 한다. 즉 일종의 고립, 예외적 입장, 정상적인 충동에 대한 반항 등을 전제 로 하는 것이다.

유형類型, 즉 고향의 포기, 점점 더 먼 지역으로의 방랑, 이국적인 취미의 증가, 낡은 명령의 침묵……. 이와 같이 행복에 대해서 '어디로'라고 끊임없이 묻는 일이야말로 유기적 형태에서의 이탈의 징후이며, 안으로부터의 파탄이다.

과학적 인간은 철학자들보다 데카당스의 징후가 훨씬 더 농후하지 않았던가! 과학적 인간은 전체로서 해체되고 있는 것이 아니라 그의 일부분만이 인식에 바쳐질 뿐이며, 어느 좁은 관점이나 시점만을 보이도록 훈련되었다. 이때 과학적 인간은 엄격성, 남성다움, 현명함 등의 위대하고 건강한 모든 덕을 필요로 한다.

과학적 인간은 고도로 발달한 문화의 다종다양성多種多樣性의 징후라고 할 수 있다. 적어도 지금까지는 데카당스는 전형적인 철학자로 인식되었다.

쇠퇴, 몰락, 폐물 등은 그 자체로서 죄를 지닌다고 선고될 만한 성질의 것은 아니다. 이것들은 삶을 살아가는 데 있어서 필연적인 귀결이다. 데카당스의 현상 역시 삶의 어떤 상승 및 전진과 마찬가지로 필연적인 것이다. 따라서 이를 제거한다는 것이 뜻대로 되지는 않는다. 이성은 거꾸로, 그것의 정당성을 인정한다.

악덕, 질병, 범죄, 매음, 곤궁 등이 더 이상 발생하지 않을 상황과 사회적인 결합이 이루어질 수 있다는 생각은 모든 사회주의적인 체제 수립자에 있어서 하나의 치욕이다. 그러나 이것은 삶을 단죄하는 일이기도 하다. 언제까지나 젊음을 유지한다는 것이 사회의 자유가 될 수는 없다. 하지만 그의 전성기에도 이 사회는 오물과 폐물을 만들어

낼 것이 틀림없다.

사회가 기운차면서도 대담하게 정진하면 할수록 사회는 점점 더 실패와 기형적인 것으로 가득 차게 되며 더욱더 쇠퇴해간다. 노후는 제도로써 제거될 수 없다. 질병도 제거될 수 없다. 악덕함 역시 제거될 수 없다.

내 눈 앞의 광경은 전율할 만한 하나의 고통이다. 나는 인간의 타락성을 덮었던 장막을 걷어버렸다! 이 말이 인간을 도덕적으로 고소한다는 의미를 지니는 것은 아닌가라는 점에 대해서는 의심할 가치도 없다.

다시 한 번 강조하지만, 이는 '도덕성에 구애되지 않은 채' 말하는 것이다. 그러나 나는 지금까지 사람들이 가장 의식적으로 '덕' 또는 '신성神性'이라고 치켜세웠던 바로 그것에서 강력한 인간의 타락성을 느꼈다.

이미 추측했겠지만, 내가 말하는 타락이란 '데카당스'라는 뜻이다. 나는 현대 인류의 가장 높은 염원을 담은 모든 가치를 데카당스의 가치라고 주장하는 바이다!

나는 사람이든 동물이든 간에 자신의 본능을 잃고, 자신에게 해로운 바를 선택하는 동시에 그것을 즐기는 일을 타락이라고 말한다. '고상한 가정', '인류 이상理想'의 역사는 '어떤 이유 때문에' 인간이 이렇게까지 타락해버렸는지에 대한 설명이라고 해도 과언이 아니다 (내가 이 역사에 대해 말해야 하는 이유를 짐작할 것이다).

나는 삶 자체를 온갖 힘의 성장에 대한, 힘의 의지에 대한, 힘의 축적에 대한 본능이자 권력에 대한 본능으로 간주한다. 즉, 권력에 대한 본능을 잃어버린 곳에는 오직 쇠퇴만이 존재할 뿐이다. 나는 인류의 모든, 좀 더 높은 가치에는 이런 힘의 본능과 의지가 결핍되어 있다고 주장하는 바이다! 오히려 쇠퇴와 '허무주의'적인 가치가 가장 신성한 명칭으로 지배권을 휘둘렀던 것이 사실이다.

깊은 고뇌는 인간을 고귀하게 만든다

FRIEDRICH WILHELM NIETZSCHE

심각하게 고뇌하는 인간은 정신적 긍지와 구토를 느낀다.
이런 사람은 가장 현명하고 예지를 가진 사람들보다
더 많은 것을 알고 있다는 확신을 갖는다.

사람을 문 뱀은 그 사람을 아프게 했다고 생각하며 기뻐한다. 즉, 하등한 동물이라고 해도 하나의 고통을 본보기로 순화시킬 수 있다. 그러나 기쁨을 본보기로 순화하고 느끼는 일은 고등한 동물의 최고 특권이자, 그들 중에서도 가장 뛰어나고 모범적인 사람을 접촉할 수 있는 특권이다. 이것은 곧 드물게 보는 인간성이다. 그래서 '기쁨을 함께하는 이 감정'을 인정하지 않았던 철학자들도 있었을 정도다.

쾌락주의든, 염세주의든, 공리주의든, 행복주의든 대체로 쾌감과 고뇌에 의해 사물의 가치를 재는 사고방식은 소박하면서도 초보적인 수준이다. 적어도 창조력과 예술가적 양심을 가진 사람은 이러한 사고방식을 동정심을 가지면서도 경멸하지 않을 수 없다.

그대들은 모르지만, 위대한 고난의 단련만이 인간 발전의 기본적인 요소였다. 인간 속에는 피조물과 창조자가 할 일이 따로 존재한다. 즉 인간 속에는 소재素材, 단편, 과잉, 점토, 진흙, 무의미, 혼돈이 있다. 동시에 인간 속에는 창조자, 조각가, 쇠망치 같은 냉혹성 및 방관자의 신성神性 등이 존재한다.

그대들은 이러한 대립을 이해할 수 있는가? 그리고 그대들의 동정은 단지 인간 속에 존재하는 피조물만을 향하고 있으며, 이런 경향이야말로 타파되고, 단련되고, 찢기고, 태워지고, 정화되어야 한다는 사실을 이해하는가? 즉, 이런 경향은 필연적으로 고뇌를 겪어야 한다는 사실을 이해할 수 있겠는가?

그러나 우리의 동정은 당신의 그것과 다르다. 그렇다면 우리의 동정은 도대체 누구를 향하는가? 이는 달리 말하면 동정에 반대하는 동정이라고 할 수 있다. 하지만 다시 한 번 말하겠다. 쾌락, 고뇌, 동정보다 더 고차원적인 문제가 존재한다. 따라서 동정의 문제에 귀착되는 철학은 모두 유치하다.

위대한 고통만이 최종의 정신적 해방이다. 모든 U에서 X를, 진실로 진정한 하나의 X를, 즉 최종의 것 바로 앞 문자인 X를 만들어내는 위대한 의혹의 교사로서의 고통만이 최종의 해방자인 것이다.

위대한 고통만이, 그리고 시간이 필요한 속에서 우리가 나무처럼 불타버리게 되는 저 길고 완만한 고통만이 철학자로 하여금 우리의 마지막 근저에까지 내려가도록 강요하는 동시에, 이전까지는 우리가 자신의 인간성을 다져놓았던 모든 신앙, 모든 선의 은폐, 인자, 중용을 우리에게서 강제로 박탈해간다.

하지만 이런 고통이 과연 그것을 개선시키느냐에 대해서는 의문이지만, 나는 그것이 우리를 심화시킨다는 사실만은 알고 있다.

심각하게 고뇌하는 인간(얼마나 깊이 괴로워할 수 있는지가 그 사람의 지위 등급을 결정한다)은 정신적 긍지와 구토를 느낀다. 이런 사람은 가장 현명하고 예지를 가진 사람들보다 더 많은 것을 알고 있다는 확신을 갖는다. 또한 이런 사람은 다른 사람을 향해서 "그대들은 그것을 모른다."라고 말할 수 있는 아득하고 무서운 세계에서 살고 있다는 확신을 갖는다.

이런 무서운 확신은 그 사람 마음의 구석구석에까지 침투해 있다. 이렇게 고뇌하는 사람의 말없는 긍지, 즉 거의 희생으로 받쳐졌다고 할 수 있는 정신적 긍지는 여러 가지 모양의 가장을 필요로 한다. 그 이유는 뻔뻔스러운 동정의 손아귀에 들어가는 일을 피하고, 자신의 고통과 동일하지 않은 모든 것으로부터 자신을 방어하기 위해서다.

깊은 고뇌는 인간을 고귀하게 만든다. 그리고 다른 것으로부터 그 인간을 떼어놓는다.

풍성한 인간성을 과시하는 근대에도 거칠고 잔악한 짐승에 대한 공포라는 미신은 여전히 존재한다. 그래서 어떤 하나의 진리가 이미 없어진 야수를 다시 되살리지는 않을까라는 두려움으로 인해 명명백백한 진리가 마치 묵계에 의한 듯 수세기 동안 입에도 오르내리지 못했다. 우리는 잔인하다는 것이 무엇을 의미하는지를 새롭게 배우고 눈뜨지 않으면 안 된다.

우리는 이제 참고 견디는 태도를 집어치우고, 예를 들어 모든 철학자들이 품었던 비극에 대한 심오한 착오가 더 이상 횡행하지 못하도록 해야 한다. 우리가 높은 문화라고 부르는 모든 것은 거의 잔인성을 정신화하고 심화하는 일에 기반을 두고 있다. 이것이 나의 명제다! 저 '거친 짐승'은 아직도 도살되지 않고 있다. 여전히 살아서 번성하고 있다.

피하라, 그대의 고독 속으로!

FRIEDRICH WILHELM NIETZSCHE

고독이 끝나는 곳에서 시장이 시작되며,
시장에서는 위대한 배우가 소란을 피우고
독을 가진 쇠파리들이 아우성치는 소리가 시작된다.

어느 누구도 눈앞에 재현되는 고대 그리스에 대한 우리의 신념을 헐
뜯으려 하지는 않을 것이다. 현대 문화의 황폐와 피폐 속에서 미래에
대한 어떤 위로적인 기대를 환기하는 일에 있어서 이러한 신념 이외
에 무엇을 들 수 있단 말인가?

아폴론과 디오니소스라는 저 엄청난 대립을 알고 난 다음에 나는
어떻게 해서든지 그리스 비극의 본질에 접근함으로써 그리스 정신의
가장 깊은 계시를 접해야겠다는 강한 욕구를 느꼈다. 왜냐하면 이제
야 비로소 속류 미학俗流美學의 용어법에서 벗어난 비극의 근본 문제
를 생생하게 나의 마음에 제시할 수 있는 마법을 갖게 되었다고 믿기

깊은 고뇌는 인간을 고귀하게 만든다

피하라, 그대의 고독 속으로!

때문이다.

그 덕분에 나는 그리스적인 것을 보는 독자적인 눈을 갖도록 허락받았다. 지금 나는 폼 잡는 고전 그리스학도가 오늘날까지 중요시되는 그림, 놀이, 외면적인 것에만 즐거워했다고 생각하지 않을 수 없다.

그리스인은 삶의 공포와 전율을 알고, 또 느끼고 있었다. 그래서 그들은 삶을 유지하기 위해서 올림포스 신들이라고 하는 찬란한 꿈의 소산所産을 이 무서운 것들 앞에 놓지 않을 수 없었다. 이처럼 예민한 감수성을 가진, 강렬한 욕망을 가진, 고뇌에 있어서 비할 데 없는 능력을 가진 그리스 민족이 만일 생존 자체보다 높은 영광에 싸여 있어서 신들 가운데에 표시되지 않았다면 어떻게 삶을 지탱할 수 있었겠는가!

추악한 것에 대한 욕구, 비관주의와 비극적 신화, 그리고 삶의 밑바닥에 가로놓인 모든 두려움, 악, 수수께끼, 파괴적이고 불길한 것들에 대한 고대 그리스인의 강한 의지는 어디에서 발생하지 않으면 안 되었단 말인가? 또한 비극은 어디에서 발생하지 않으면 안 되었단 말인가? 이는 쾌감에서, 힘에서, 넘치는 건강에서, 큰 충만함에서 발생한 것이 아닌가?

비·희극적인 예술이 발생하게 된 저 광기, 즉 디오니소스적인 광기는 생리학적으로 말한다면 어떠한 의미를 갖는 것일까? 그리스인이 청춘의 충만함 속에 있었던 바로 그때에 비극적인 것에 대한 의지를 갖고 있었고, 비관주의를 품었다고 하면 어떨까? 또한 거꾸로 그리스인이 그들의 해체와 쇠약을 가져온 바로 그 시대에 그들은 더욱더 낙천적이고, 더욱더 피상적이며, 더욱더 연극적이고, 논리와 세계의 논리화에 대해서 더욱더 열광하다가 마침내 '명랑'해지면서 '과학적'으로 변했다면 어떨까?

어떻다고? 민주주의적 취미의 모든 '근대적 이념'과 편견에도 낙관주의의 승리와 합리성의 우세, 실천적이며 이론적인 공리주의가 나타난 것은 시대를 같이하는 민주주의 자체와 마찬가지로 저하하는 힘, 다가오는 늙음, 생리적 피로의 한 가지 징후가 아닐까?

나의 벗이여! 나와 함께 디오니소스적인 생명과 비극의 재생을 확실히 믿자. 소크라테스적인 인간의 시대는 이미 지나가버렸다. 이제야 확실하게 비극적 인간이 되자. 왜냐하면 당신들은 구제받아야 하기 때문이다.

그대들은 디오니소스 축제의 행사를 인도에서 다시 그리스로 돌려야 한다. 격투를 준비하라. 하지만 그대들의 신이 기적을 내리리라는 사실을 믿어라!

나의 벗이여! 고목 속으로 도망쳐 들어오라. 나는 지금 그대가 권력자들의 아우성에 귀가 멀고, 소인배들의 침에 찔리는 모습을 보고 있다. 숲과 바위는 그대와 함께 엄숙히 침묵한다는 사실도 알고 있다. 그대가 사랑하는 저 나무처럼 되라. 나무는 조용히 귀를 기울이며 바다 위에 걸려 있다.

고독이 끝나는 곳에서 시장이 시작되며, 시장에서는 위대한 배우가 소란을 피우고 독을 가진 쇠파리들이 아우성치는 소리가 시작된다.

세계에서 가장 아름다운 사물이라고 해도 그것을 연출하는 사람이 없다면 아무런 소용이 없다. 민중은 이 연출자를 위인이라고 부른다. 진정한 위대함이란 창조력이다. 그러나 민중은 이 짙은 위대함을 이해하지 못한다. 다만 큰 사건만이 연출자와 배우에 대해 감각을 가질 뿐이다. 모든 깊은 샘물의 체험은 서서히 솟아난다. 오랫동안 기다려야만 샘물 밑에 무엇이 떨어져 있는지를 알게 된다.

모든 위대한 것은 시장을 떠나고 명성에 배반한다. 예로부터 새로운 가치를 창조하는 사람은 시장과 명성과는 동떨어져 살아왔다.

피하라, 나의 벗이여! 그대의 고독 속으로! 나는 그대가 독을 가진 쇠파리에게 찔리는 모습을 본다. 자, 거친 강풍이 불어오는 쪽으로 피하자!

피하라, 그대의 고독 속으로! 그대는 지금 시시한 인간들과 너무나 가깝게 살고 있다. 그들의 눈에 보이지 않는 복수를 피하라! 그대에게 있어, 그들은 복수 이외에 아무것도 아니다. 이제는 그들에게 팔을 올리지 마라. 그들의 수는 한이 없다. 파리채가 되는 것이 그대의 운명은 아니다.

거대한 사건은 우리가 가장 소란스러울 때가 아닌 가장 조용한 때를 가리킨다. 그리고 세계는 새로운 소요의 발견자가 아닌, 새로운 사치의 발견자를 둘러싸고 조용히 회전한다.

　깨끗이 인정하라! 그대의 소요와 연기가 거두어질 때 실제로 일어난 사건은 하나도 없지 않았는가! 도시가 미라로 변하고 소상塑像, 즉 찰흙으로 만든 하나의 형상이 진흙 속에 쓰러질지언정 그것이 무엇이란 말인가!

　나는 소상을 파괴하려는 자들에게 이 말을 전하리라. "소금을 바다에 던지고, 소상을 진흙 속에 던지는 일이 최대의 어리석음이 아닌가."라고 말이다.

　그대들이 경멸하는 소상은 진흙 속에 쓰러져 있다. 그러나 경멸 속에서 그 생명과 싱싱한 아름다움이 싹튼다는 사실, 이것이 바로 소상의 법칙이다.

도덕적인 것에 대하여

FRIEDRICH WILHELM NIETZSCHE

도덕적 현상이라는 것은 존재하지 않는다.
단지 현상의 도덕적 해석만 존재할 뿐이다.
즉, 그 자체로 가치를 가지는 게 아니라,
사람이 한때 그것에 가치를 부여하고 증여한 것이다.

암담하고 무거운 책임을 지닌 문제 속에서도 명랑함을 유지한다는 것이 결코 쉬운 일은 아니다. 어쨌든 명랑함 이상으로 필요한 것이 또 어디 있단 말인가. 자부심이 따르지 않는 일이라면 결코 아무것도 이룰 수 없다. 힘이 넘쳐흘러야만 힘이 있다는 증거다.

모든 자체의 가치 전환, 그리고 그것으로 그 사람 위에 그림자를 던지는 거대한 의문부, 이와 같은 숙명적인 일은 어느 순간이든 그것을 실행하는 사람으로 하여금 밝은 햇빛 속을 달리게 하며, 그 무거운 엄숙성을 떨어뜨리라고 강요한다. 그것을 위한 모든 수단은 정당하다. 그리고 모든 경우가 하나의 행운이다. 특히 전쟁의 경우가 그렇다. 전쟁은 모두 무척 내면적인, 그리고 무척 깊어진 모든 정신의 위대한 재치였다. 부상을 당한 경우에도 치료법이 있는 법이다.

학문적인 호기심이 강한 학자들을 위해 출처를 밝히지는 않겠지만, 다음 잠언은 오랫동안 나의 좌우명이었다. "상처로 인해, 생기生氣는 증가되고 힘은 성장한다."

나는 '도덕'을 존재자의 삶의 모든 조건과 접촉하는 가치평가 체제라고 해석한다.

도덕적 현상이라는 것은 존재하지 않는다. 단지 현상의 도덕적 해석만 존재할 뿐이다.

가치라는 말은 새로운 정복이, 새로운 감정이 발견된 곳에 걸린 깃발이다. 현금이 통용되는 세계에서는 적어도 가치를 지닌 것은 무엇이든지 그 본질상 언제 어디서나 무가치하다. 즉, 그 자체로 가치를 가지는 게 아니라, 사람이 한때 그것에 가치를 부여하고 증여한 것이다. 우리가 바로 이 부여자이자 증여자였다. 우리가 처음으로 인간에 대해 어떤 의의를 가진 세계를 만들어낸 것이다.

우리는 바로 이 사실을 모르고 있다. 설령 어떤 순간에 이 사실을 포착한다고 하더라도 우리는 그다음 순간 다시 잊고 만다.

가치와 그 변화는 가치 정립자의 권력 증대에 비례한다.

① 권력 증대의 표현으로서의, 불신不信의, 허용된 '정신의 자유'로서의 척도.

② 부분적으로 파괴적이고 반어적인 최고의 정신적 힘 이상으로서의, 또 풍요로운 삶의 이상으로서의 '허무주의'.

가짜 가치와 관련한 어떤 판단은 그것이 조건부라는 점이 증명됨으로써 논박되지만, 이로 인해 그 판단의 필연성이 제거되지는 않는다. 가짜 가치로 그 모든 근거를 제시해도 필연성이 제거되지 않는 것은 마치 환자의 눈이 난시亂視인 경우와 같다.

사람은 가짜 가치가 현존한다는 필연성을 파악하지 않으면 안 된다. 가짜 가치는 얼마 동안의 원인에서 오는 결과이긴 하지만, 그 원인은 근거와는 전혀 관련성이 없다.

내가 판단하건대 지금의 도덕적 판단은, 생리학적인 성공이나 실패의 사상, 그리고 보존 조건이나 장생長生 조건에 대한 의식을 짐작할 수 있는 증후 또는 기호로 간주되는 시도를 점성술의 본능에 의해서 해석하는 방법이다. 이것은 특히 그리스도교적이고 유럽적인 도덕에 적용된다. 현재의 도덕적 판단은 퇴락의 삶, 불신의 징조, 염세주의를 준비하는 것이다.

나의 주요 명제인 도덕적 현상이란 있을 수 없으며, 있는 것이라고는 오직 이 현상의 도덕적 해석뿐이다. 이 해석 자체는 도덕과는 아무런 관련성이 없는 기원을 지닌다.

우리가 생존의 내면으로 모순을 해석해서 주입했다는 사실은 무엇을 의미하는가? 결정적인 사실은, 모든 가치 평가의 배후에는 변함없이 도덕적 가치 평가가 군림하고 있다는 점이다. 만일 도덕적 가치

평가가 중지된다면, 그때 우리는 무엇을 기준으로 측정을 할 것인가? 또한 그때는 인식과 그 외의 것이 어떠한 가치를 갖는가?

도덕 자체는 어떤가? 도덕은 '삶의 부정에 대한 의지'이고, 은밀한 파괴 본능이며, 퇴폐·비천하고 보잘것없는 것으로의 변화·비방의 원리이자 종말의 발달이 아닐까? 따라서 위험한 중에서도 위험한 것이 아닐까?

철학자라면 누구나 도덕을 과학으로 취급한다. 웃음이 날 만큼 심각하게, 심히 까다로울 정도로 장엄한 것을 요구했다. 즉, 그들은 도덕에 기초를 세우려 했던 것이다. 그리고 모든 철학자들은 도덕에 기초를 세웠다고 자신했다.

기존의 모든 '도덕학'에는 이상하게도 도덕 그 자체에 대한 문제가 결여되어 있었다. 철학자들이 기대한 올바른 빛에 자신들이 '도덕의 기초 공사'라고 부르는 것을 비춰볼 때, 이는 단순히 현행 도덕에 대한 신앙의 현학적인 형식에 지나지 않는다. 또한 이는 하나의 새로운 표현 방법에 불과하기 때문에 그 근저에 있어서는 도덕 자체를 문제로 삼아서는 안 되는 것이다. 어쨌든 그것은 신앙 자체의 음미, 분석, 회의, 해부의 반대 산물이었다.

세 가지의 주장은 이러하다.

① 고귀하지 못한 것이 고급인 것이다(비천한 자의 항의).

② 자연에 위배되는 것이 고급인 것이다(얼간이들의 항의).

③ 평균적인 것이 고급인 것이다(가축의 무리에서 중간 지위를 차지한 자들의 항의).

따라서 도덕의 역사 속에는 권력 의지가 나타나 있지만, 이것으로 인해서 때로는 노예나 압박받는 자들이, 때로는 얼간이들이나 괴로움을 당하는 자들이, 때로는 범용한 자들이 모두 자기 자신들에게 가장 알맞은 가치 판단을 관철하려고 시도한다.

이 점을 생물학적 측면에서 본다면, 도덕적 현상은 비할 데 없이 의심스럽다. 도덕은 지금까지 비상한 대가를 지불함으로써 발달해왔다. 즉, 지배자와 그 특유의 본능, 얼간이들이나 아름다운 어떤 의미로서의 독립자 또는 특권자가 희생되어온 것이다.

따라서 도덕은 그것을 고급 유형으로 높이려는 자연의 노력에 반항하는 반대 운동 가운데 하나다. 그 결과는 삶의 경향이 '비도덕적'이라고 간주되는 한에서 삶 전반에 대한 불신, 무의미함, 불합리, 그리고 지고至高의 가치가 지고의 본능과 대립하고 있다고 간주되는 한에서 '고급적인 본성'의 변질이나 자기 파괴가 나타난다. 왜냐하면 이 본성 안에서만 항쟁이 의식적으로 되기 때문이다.

어느 시대에나 인간은 인간을 '개선'하려고 했다. 그리고 이것은 도덕이라고 불리었다. 그러나 같은 말이라도 가장 상이한 경향이 숨겨져 있는 법이다. 즉, 인간이라는 야수를 길들이는 일도, 일정한 종류의 인간을 키우는 일도 똑같이 '개선'이라고 불린 것이다.

이 동물학적 표현들이 비로소 있는 그대로의 사실을 표현하고 있다. 물론 전형적 '개선가'인 성직자들은 아무것도 모르고 있다. 알려고도 하지 않는, 있는 그대로의 사실을 말이다.

어떤 동물을 길들이는 일을 개선이라고 한다는 사실이 우리에게는 농담처럼 들린다. 동물원에서 일어나는 일에 대해 잘 알고 있는 사람이라면 야수가 그곳에서 길들여진다는 말에 의심을 가질 것이다. 야수는 단지 동물원에서 약화될 뿐이다. 위험성이 적어질 뿐인 것이다. 즉 억압적인 공포, 고통, 상처, 기아에 의해서 병적인 야수가 되는 것이다.

이는 성직자에 의해 길들여진 인간에게도 마찬가지다. 특히 교회가 사실상 하나의 동물원이었던 중세 초기에 인간들은 도처에서 '금빛 털을 지닌 짐승'의 가장 아름다운 표본을 사냥했다. 예를 들어, 고귀한 게르만 사람을 '개선'시켰던 것이다.

그러나 이러한 '개선'된 수도원에 유혹당한 게르만 사람들은 그 후 어떤 모습으로 변했던가? 인간의 풍자화라는 모습으로, 기형이라는 모습으로 변해버렸다. 즉 게르만 사람은 '죄인'이 되었고, 그는 우리 안에 숨어 아주 무서운 개념 속에 감금되어버린 것이다.

누구의 권력 의지가 도덕적일까? 소크라테스 이래 유럽 역사에 나타난 공통된 현상은 도덕적 가치를 기타 모든 가치의 지배자로 등장시키려는 시도였다. 이로 인해 도덕적 가치는 삶의 지도자 및 심판자여야 할 뿐 아니라 ① 인식의 ② 예술의 ③ 국가적·사회적 노력의 지도자 및 심판자가 되어야 한다는 취급을 받는다.

'개선'이 유일한 과제로 간주되고, 그 외의 모든 것은 개선을 위한 수단이 되거나 절멸할 때까지 공격받아야 하는 것이 된다. 중국에도, 인도에도 이와 비슷한 운동이 있었다.

  지금까지 지상에서의 거대한 발전 중에서 도덕적 가치 편에 서 있던 권력 의지는 무엇을 의미하는 것일까?

  그 배후에는 세 가지 권력이 숨겨져 있다. 즉, ① 강자나 독립자에 대한 동물 무리의 본능 ② 행복한 자에 대해 고민하는 자나 얼간이들의 본능 ③ 예외자에 대한 범용한 자의 본능 등이 그것이다. 이 운동의 거대한 이익을 위해서 많은 잔혹과 허위 및 편협함이 거기에 가세했다. 왜냐하면 도덕과 삶에 대한 본능의 투쟁 역사는 그 자체가 지금까지 지상에 있었던 가장 큰 부도덕성이기 때문이다.

'해야 한다'와 '해서는 안 된다'

FRIEDRICH WILHELM NIETZSCHE

인간의 커다란 위험은 병자이지, 악인도 '맹수'도 아니다.
원래부터의 파탄자, 패배자, 범죄자 가운데 가장 약한 자들이야말로
가장 심하게 삶의 토대를 허물어뜨려 인간을 위험에 빠뜨린다.

나는 하나의 원리를 정식으로 표현한다. 도덕에 있어서의 모든 자연
주의, 다시 말해 모든 건강한 도덕은 삶의 본능에 의해서 지배된다.
삶의 어떤 명령은 '해야 한다'와 '해서는 안 된다'라는 일정한 규준規
準에 의해 성취되는 동시에 삶에서의 어떤 저지나 적의가 제거된다.

반자연적 도덕, 다시 말해 이제까지 가르쳐지고 숭고하게 받아들
여지며 설득당해온 거의 모든 도덕은 이와 반대로 삶의 본능에 거슬
린다. 그것은 이 본능에 대해 남몰래, 또는 뻔뻔할 정도로 큰 목소리
로 유죄를 선고하고 있다. 그리고 "신은 마음속을 뚫어보신다."라고
말하면서 삶의 적으로 간주한다. 신이 좋아하는 성자는 이상적인 내

시[內侍]다. 삶은 '신의 나라'가 비롯되는 곳에서 끝난다.

맹수와 맹수적 인간은 근본적으로 오해되고 있다. 이것들은 모든 열대산 생물 중에서도 가장 건강한 것임에도, 사람들은 그 근저에서 병적인 것을 보기도 하고, 심하게는 그것이 '지옥'을 타고났다고 말하기도 한다. 하지만 이는 '자연'이 무엇인지를 모르기 때문에 하는 말이다. 지금까지 거의 모든 도덕가가 그렇게 생각해왔다.

그래서 도덕가는 '원시림과 열대림에 증오를 품고 있는 것은 아닐까?'라는 느낌이 들 정도다. 도덕가들은 '열대성 인간'을 인류의 질병으로서나 자기 학대로서나 배척하지 않으면 안 된다고 생각하는 것일까? 어째서 그럴까? '온대 지방'에 알맞도록? 저 '도덕적인 사람들'에게, '범용한 사람들'에게 알맞도록?

인간의 커다란 위험은 병자이지, 악인도 '맹수'도 아니다. 원래부터의 파탄자, 패배자, 범죄자 가운데 가장 약한 자들이야말로 가장 심하게 삶의 토대를 허물어뜨려 인간을 위험에 빠뜨린다. 그뿐만 아니라 삶이나 인간이나 우리 자신에 대한 우리의 신뢰에 위험천만한 독을 주입시켜 이것을 의혹 속에 집어넣어버린다.

우리는 저 음울한 눈매로부터 도망쳐 어디로 갈 수 있을까? 어떠한 형태로든 우월을 자랑하려는 병사들의 의지, 건강한 사람을 포학하게 만들어버리는 그들의 본능, 가장 허약한 자들의 권력 의지 등이 눈에 띄지 않는 곳이 과연 있을까?

우리 유럽인은 스스로의 신앙을 위해서 죽은 사람들의 피를 체내에 가지고 있다. 우리는 도덕을 두려워할 만한 엄숙한 것으로 간주해왔으며, 우리가 도덕에 어떤 희생을 바치지 않았던 적은 한 번도 없다.

한편 우리의 정신적인 섬세함은 본질적으로 살아 있는 동물 해부에 의해 달성된 것이다. 그러나 우리는 우리의 낡은 지반에서 탈출한 뒤에도 우리가 '어디로' 끌려가는지를 모르고 있다.

우리는 지금에서야 동원시킬 힘을 육성한 것이며, 그 힘에 의해서 우리는 끝이 없는 것, 음미된 적이 없는 것, 발견된 적이 없는 것 속으로 들어가고 있다.

우리에게는 선택의 여지가 없다. 우리는 살기 좋은, 우리가 '유지'하려고 희구하는 토지를 갖지 못할 경우 우리가 정복자임을 부인할 수 없다. 우리 모두의 부정보다 강한, 숨어 있던 긍정이 우리를 여기에 끌어들인다. 우리의 강력함이 망가져버린 낡은 지반에 머물기에는 이미 싫증이 난 것이다.

우리는 감히 멀리 떨어진 땅을 지향한다. 이것은 우리 자신에 대한 도박이다. 세계는 아직도 만족스러울 정도로 남김없이 발견되지 않았으며, 오히려 철저한 몰락이 미완성 상태에 머문 채 독을 흐르게 하는 것보다 낫다. 우리의 강력함 자체가 거대한 바다를 향해, 태양이 변함없이 저무는 저편을 향해 우리를 강제로 밀고 간다. 즉, 우리는 하나의 새로운 세계를 알고 있는 것이다.

덕, 그리고 증오와 질투

FRIEDRICH WILHELM NIETZSCHE

좀 더 심각한 질투도 존재한다.
그 질투는 매우 조용하다.
침묵하는 질투는 침묵에 의해서 더욱 커지는 법이다.

덕 자체가 덕으로 인한 지배의 기초가 되는 것은 아니다. 덕 자체는 권력을 포기하게 만들고 권력 의지를 사라지게 만든다.

'도덕가'로서의 칸트에 대해 또 할 말이 있다. 우리가 덕을 발명한 만큼 덕은 우리에게 있어서 가장 개인적인 정당방위이자 필수품이어야 한다. 이외의 다른 의미에서는 덕이란 하나의 위험물에 불과하다. 삶의 조건이 될 수 없는 것은 우리의 삶을 손상할 뿐이다.

형제들이여! 만일 그대가 도덕을 가지고 있다면, 더욱이 이 덕이 참으로 그대의 것이라면 그대는 그것을 다른 사람과 공유할 수 없다. 물론 그대는 덕에게 이름을 지어주고, 이를 애무하려고 한다. 그리고 덕의 귀를 잡아 희롱하면서 함께 놀기를 바란다.

보라! 그대는 이렇게 함으로써 덕의 이름을 민중과 공유하게 되는 것이다. 그대의 덕을 끌어안음으로써 민중으로 타락하고 가축의 무리로 변하는 것이다.

일찍이 그대는 정열을 소유했었다. 그래서 이를 악이라고 불렀다. 그러나 이제는 덕을 가지고 있을 뿐이다. 그대의 덕이야말로 그대의 정열에서 성장한 것이다. 즉, 그대의 모든 정열은 마침내 덕으로 변하고, 그대의 모든 악마는 천사로 변한 것이다.

나로서는 공언하고 싶지 않은 특유한 의혹이 하나 있다. 공언하고 싶지 않다고 하는 이유는 그것이 이제까지 지상에서 도덕으로 찬양되어온 모든 것에 관계되기 때문이다. 이 의혹 때문에 나의 호기심과 의심은, 우리가 가진 선악이란 원래 어떤 기원을 가지고 있는가 하는 문제에 부딪히지 않을 수 없었다.

사실 나는 13세에 이미 악의 기원 문제에 대해 골몰했다. '가슴속에 반은 어린이를, 반은 신을' 품고 있었을 시절에 나는 이 문제 때문에 나의 최초의 문학적인 어린애 장난, 나의 최초의 철학적 습작에 전념했다. 이 문제에 대한 당시 나의 '해결'은, 당연한 말이지만 신에게 영예를 돌려 신을 악의 아버지로 여겼던 것이다.

다행히 나는 일찍이 신학적 선입견을 도덕상의 선입견에서 떼어놓을 수 있었으며, 이제는 악의 기원을 세계의 배후에서 찾는 일 따위의 짓은 하지 않게 되었다.

일찍이 그 유래를 찾아볼 수 없는 가장 깊고 숭고한 증오, 즉 이상理想을 창조하고 가치를 재창조하려는 증오의 저 나무줄기에서 똑같이 비교할 수 없을 정도의 새로운 사랑이 하나 발생했다. 모든 사랑 중에서도 가장 깊고 숭고한 사랑 말이다.

이러한 사랑이 다른 어떤 줄기에서 발생할 수 있었던가? 복음의 화신인 나사렛의 예수, 즉 가난한 자, 병든 자, 죄 많은 자에게 축복과 승리를 가져다준 이 '구세주'는 그야말로 가장 섬뜩하고 가장 저항하기 어려운 형태의 유혹이 아니었던가. 저 유대적 가치와 이상의 혁신을 향한 유혹이며 우회로迂廻路가 아니었던가? 즉, 이스라엘은 겉보기에는 적대자이며 해체자인 '구세주'의 우회로에 의해서만이 숭고한 복수욕에 의한 최후 목표에 도달한 것이 아니었던가?

질투는 질투의 대상인 암탉이 계란을 한 개 낳으면 그 즉시 꼬꼬댁 꼬꼬댁 하고 우는 것이 일반적이다. 그와 동시에 질투는 가벼워지고 차츰 없어지게 된다. 그러나 좀 더 심각한 질투도 존재한다. 그 질투는 매우 조용하다. 그리고 모든 입이 봉해졌으면 하고 바라지만 실제로는 생각대로 되지 않기 때문에 점점 더 약이 오른다. 침묵하는 질투는 침묵에 의해서 더욱 커지는 법이다.

'신들의 질투'는, 좀 더 낮게 평가되던 것이 어떤 이유에서인지 스스로를 위대한 자와 어깨를 나란히 겨눌 때라든지, 또는 운명의 혜택으로 위대한 자와 어깨를 나란히 할 때 생겨난다. 사회적 계급의 내부에서 이 질투는 누구에게나 자신의 신분 이상의 공적을 세우지 않을 것, 그의 행운이 자신의 신분에 알맞을 것, 그리고 그의 자의식이 신분적인 테두리를 초월해 너무 크지 않을 것 등을 요구한다.

혁혁한 공을 세운 장군은 가끔 '신들의 질투'를 받게 되며, 이와 마찬가지로 거장에 필적한 만한 훌륭한 작품을 남긴 인물도 필연적으로 '신들의 질투'를 받게 마련이다.

동정에 대해 경계하라

FRIEDRICH WILHELM NIETZSCHE

고민하는 자들의 동정이 무슨 소용이 있으랴!
또 동정을 설교하는 자의 동정이 무엇이랴!

일찍이 악마는 나에게 이렇게 말했다.

"신도 지옥을 가지고 있다. 즉 이것이 인간에 대한 그의 사랑이다."

그리고 나는 악마가 이렇게 말하는 소리도 들었다.

"신은 죽었다. 인간에 대한 동정 때문에 신은 죽었다."

그렇다면 그대들은 동정에 대해 경계하라. 어느 날엔가 동정에서 무거운 구름이 인간에게 닥쳐올 것이다. 나는 머지않아 천기天氣가 변할 것 같은 징조를 느낀다.

그대들은 이웃 사람들 앞에서 자신이 하는 일이 아직 미명未明 상태라고 말한다. 그러나 나는 그대들에게 말하리라. "이웃 간의 사랑이

깊은 고뇌는 인간을 고귀하게 만든다

란 그대들 자신에 대한 그대들의 악한 사랑이다."라고 말이다.

그대들은 자신으로부터 도피해 이웃 사람에게 달려간다. 그리고 거기에서 하나의 덕을 만들길 원한다. 그러나 나는 이미 그대들이 말하는 '몰아 沒我', 즉 자신을 잃고 있는 상태를 간파하고 있다.

'그대'는 '나'보다 늙었다. 이미 그대는 '신성'하다고 선언되었다. 그러나 '나'는 아직 그렇지 않다. 이래서 인간은 인간에게로 모이는 것이다.

내 어찌 그대들에게 이웃을 사랑하라고 권할 것인가! 나는 오히려 그대들에게 이웃으로부터 도피할 것과 가장 멀리 있는 사람에 대한 사랑을 권한다.

이웃에 대한 사랑보다 높은 것은 가장 멀고 아직 오지 않은 인간에 대한 사랑이다. 인간에 대한 사랑보다 높은 것은 사물과 유령에 대한 사랑이다.

동정이란 퇴보자들에게 있어서만 미덕이라고 불린다. 나는 동정하는 자들을 비난하는데, 그 이유는 그들에게서 수치감·공경·소원 앞에서의 민감성 등이 쉽게 없어져버리기 때문이다. 그리고 동정이란 순식간에 천민 냄새를 풍기면서 나쁜 행실과 매우 닮아가기 때문이다. 또한 동정심이 많은 손은 경우에 따라서는 아주 파괴적으로 위대한 운명 속으로, 상처 입은 고독 속으로, 무거운 죄책을 짊어질 특권 속으로 뻗어 들어갈 수 있기 때문이다. 동정의 극복을 나는 고귀한 미덕이라고 생각한다.

사람들은 늘 "이것은 내 맘에 든다. 나는 이것을 갖고, 보호하고, 어느 누구로부터도 방어하겠다."라고 말한다. 하나의 일을 완성하고, 하나의 결심을 수행하고 하나의 사상에 충실하며 하나의 여성을 지키고 하나의 감정을 타도할 수 있는 사람, 그리고 자신의 분노와 대검을 지니고 있으면서 약한 자, 고민하는 자, 학대받는 자, 온갖 금수들이 기꺼이 그의 앞에 엎드려 마음으로부터 추종하는 사람, 즉 날 때부터 지배자인 사람이 만일 동정을 갖는다면 그 동정은 가치가 있다.

그러나 고민하는 자들의 동정이 무슨 소용이 있으랴! 또 동정을 설교하는 자의 동정이 무엇이랴! 오늘날 유럽 도처에는 고통에 대한 병적인 고민이 존재한다. 마찬가지로 종교나 철학의 잡동사니를 뭔가 고상하게 분석해보려는 사탕발림이 있다. 또한 고민의 정식 예배가 있다. 이러한 탐닉자의 집단에 의해 '동정'이라고 불리는 유약함이 항상 우리 눈앞에 펼쳐져 있다.

이러한 악취미는 단호하면서도 철저하게 축출되어야 한다. 끝으로 나는 원한다. 이에 대한 좋은 부적으로 사람들은 'gaisaber'를 가슴과 목에 걸고 다니길 바란다. 이것을 독일인에게 알기 쉽게 말하면 '즐거운 지식'이다.

불치의 환자에게는 의사이기를 원하지 말라. 차라투스트라는 "그대들은 이곳을 떠나라!"라고 가르친다. 다만, 단호히 끝내기 위해서는 새로운 한 줄의 시를 얻는 것보다 더한 용기를 필요로 한다. 모든

동정에 대해 경계하라

의사와 시인은 이 사실을 알고 있다.

병자는 사회의 기생충이다. 어떤 경우에 있어서는 오래 사는 것이 곧 하나의 무례한 짓이다. 비겁하게 의사의 치료에 의지해 무료하게 오래 삶으로써 생존의 의무와 권리가 상실되는 일은 사회적으로 깊은 경멸을 초래할 것이다. 의사 또한 이 경멸의 매개자라고 할 수 있다. 따라서 의사는 처방을 할 것이 아니라, 그 환자에 대해 날마다 새로운 구역질을 느껴야 한다.

삶에서의 최고의 이해가 변질되어가는, 삶의 가장 가치 없는 압박의 제거를 요구하는 모든 경우를 위해서, 예를 들어 생식의 권리를 위해서, 사는 권리를 위해서 의사도 책임을 느껴야 한다.

이미 자랑스럽게 살 수 없을 때는 자랑스러운 죽음, 자발적으로 선택된 죽음, 밝고 즐겁게 어린이나 입회인 속에서 이루어지는 죽음, 그리하여 죽어가는 사람이 아직 현실적으로 생존해 있을 때 진정한 이별이 이루어지고 인생을 정리할 수 있다면 이는 그리스도가 임종할 때 느껴지던 가련한 전율의 희극과는 반대의 것이 된다.

그리스도교가 죽어가는 사람의 약점을 악용해 양심을 능욕해왔다는 사실을, 그리고 그리스도교가 죽는 방법 자체를 악용해 인간과 과거에 대해 가치 판단을 내려왔다는 사실을 그리스도교를 위해서라도 결코 잊어서는 안 된다.

오, 나의 형제들이여! 나는 잔인한가? 나는 "떨어지는 것을 더욱 차버려라!"라고 말하리라.

오늘날의 모든 것은 전락한다. 누가 이것을 붙들려고 할 것인가? 나는 이것을 더욱 차버리려고 한다.

그대들은 험준한 심연 속으로 돌을 던지는 쾌락을 아는가? 오늘날의 인간들이여, 보라! 그들이 어떻게 내 심연 속으로 굴러떨어지는지를!

양심의 가책

FRIEDRICH WILHELM NIETZSCHE

적의, 잔인, 박해 및 습격, 변혁, 파괴의 즐거움 등의 본능이
소유자 자신에게로 반향을 돌리는 것이야말로
'양심의 가책'의 기원이다.

우리는 2,000년에 걸친 양심의 해부나 자기 책형(기둥에 묶어세우고 창으로 찔러 죽이던 형벌)의 상속인이다. 우리는 이것을 장기간에 걸쳐 연습해왔으며, 아마도 이 점에서 우리는 원숙한 영역에 도달하고 또 숙달되어 있다. 우리는 자연적인 성벽에 양심의 거리낌을 결부시키고 만 것이다.

이것과는 반대적 시도도 가능하다. 내가 생각하는 부자연한 성벽은 피안적인 것, 관능과 사고에 역행하는 것, 자연에 역행하는 것이며 이러한 경향은 정부가 모름지기 이 세상을 비방하는 이상에 지나지 않은 시도, 지금까지의 이상에 양심의 거리낌을 결부한 시도였다.

나는 양심의 가책을 인간이 일찍이 체험한 모든 변화 중에서도 가장 근본적인 변화의 압력 때문에 걸리게 된 무거운 병이라고 생각한다. 여기에서 말하는 가장 근본적인 변화란 인간이 사회와 평화의 구속에서 벗어날 수 없다는 사실을 알았을 때의 변화를 의미한다. 그들의 모든 본능은 단번에 그 가치를 상실한 채 '껵쇠가 빠져'버렸다.

그렇다고 해서 저 낡은 본능이 돌연히 요구를 멈춘 것은 아니다. 단지 그 본능들의 요구를 충족시키기가 곤란하며, 거의 불가능해졌을 뿐이다. 그러자 본능들은 새로운, 말하자면 지하적인 충족을 요구하지 않을 수 없게 되었다. 밖으로 발산되지 않는 모든 본능은 안으로 향한다. 이것이야말로 내가 말하는 인간의 내면화라는 것이다. 적의, 잔인, 박해 및 습격, 변혁, 파괴의 즐거움 등의 본능이 소유자 자신에게로 반향을 돌리는 것이야말로 '양심의 가책'의 기원인 것이다.

'의지', 해방자와 환희를 가져오는 자는 이렇게 부르노라. 나의 벗이여! 나는 이 점을 그대들에게 가르쳤다. 지금은 다시 또 하나를 배워라. 즉 의지 그 자체도 하나의 죄수라는 사실을! 의욕을 해방시키노라. 그런데 이 해방자를 쇠사슬에 잡아매는 자가 있으니, 그것이 도대체 무엇이란 말인가?

의지는 이미 행해진 것에 대해서는 무력하게, 지나간 모든 것들에 대해서는 악의에 찬 방관자일 뿐이다. 따라서 의욕을 가진 자는 자기 내부에 고통을 지니고 있는 것이다. 이로 인해 의욕을 가지는 그 자체와 살아 있다는 것 차제가 형벌이 되기에 이르렀다.

어느 순간 정신 위에 구름이 쌓이고 쌓이면서 소용돌이치기 시작했다. 그리고 결국 저 광기가 설교를 시작했다. "모든 것은 멸망한다. 따라서 모든 것은 멸망의 가치를 지니노라!"라고 말이다.

어떠한 행위도 이를 다시 무無로 돌릴 수는 없다. 형벌도 이를 취소할 수는 없다. 존재는 죄를 저지르는 과정을 되풀이해야 하며, 이것이야말로 '존재'라는 형벌에 있어서는 영원한 것이다.

그런데 결국 의지가 스스로를 구제하지 않는다면, 그리하여 의지가 비의욕적으로 변하지 않는다면? 아, 나의 형제들이여! 그대들은 이 미치광이의 어이없는 노래를 알고 있지 않은가? 나는 그대들에게 '의지는 창조자이니라'라고 말한 적이 있다. 그때 나는 그대들을 이 어이없는 노래에서 구출했다.

모든 "이러했다"는 단편이자 수수께끼이며, 전율할 만한 우연이다. 이에 대해, 창조적 의지는 "그러나 나는 이러하기를 원하고, 이러하기를 적극적으로 욕망했다."라고 부정했다.

과연 의지가 이렇게 말했을까? 언제 말했을까? 과연 의지는 자신의 어리석음에서 빠져나올 수 있었을까? 의지는 자신의 구제자, 또는 환희를 가져다주는 존재가 되었을까? 의지는 복수의 정신과 모든 이 갈리는 분노를 망각했던가?

우리는 의지에게 시간과의 화해를 가르치고, 또한 모든 화해보다 더 드높은 것을 적극적으로 욕망하도록 해야 한다. 그렇게 하려면 어

떻게 해야 할 것인가? 의지에게 시간을 소급해서 적극적으로 욕망할
수 있도록 가르친 자가 과연 있었던가?

건강한 육체의 소리를 들어라

FRIEDRICH WILHELM NIETZSCHE

건강한 육체의 소리를 들어라!
이것이 더욱 솔직하고 순수한 소리다. 건강한 육체는 더욱 완전하고 견고하며,
그 소리는 더욱 솔직하고 순수하다.

세계에는 썩은 흙이 많다. 이는 틀림없는 사실이다. 그렇다고 이것 때문에 세계 자체가 거대한 오물이라고는 할 수 없다. 이 세계에 존재하는 많은 것들이 악취를 내뿜고 있다. 그러나 이 속에도 지혜는 있다. 구토 자체가 날개를 만들고 샘처럼 용솟음치는 힘을 이룬다.

오, 형제들이여! 세계에는 썩은 흙이 많다. 하지만 그 안에는 많은 지혜가 담겨 있다.

그들은 육체를 경멸했다. 아니, 육체를 상관하지 않거나 무시한 것이다. 그뿐만 아니다. 그들은 육체를 적처럼 다루었다. 썩은 고기가 낳은 기형 속에 '아름다운 영혼'이 깃들어 있다는 믿음은 그들의 광

기이자 우매함이었다.

이 점을 남에게도 이해시키기 위해서 그들은 '아름다운 영혼'이라는 개념의 해석을 달리하여 자연적 가치를 전환할 필요성을 느꼈다. 그 결과 병적인 백치이자 열광적인 가짜가 완전히 '천사적'으로 변모해서 고귀한 인간으로 느껴지기에 이르렀다.

병든 자, 멸망하는 자들은 육체와 대지를 경멸했다. 그래서 천국의 사물과 구제의 핏방울을 생각해냈다. 더욱이 그들은 달콤하면서도 쓰디쓴 독마저 육체와 대지로 가져온 것이다.

이 배은망덕한 자들은 스스로의 육체와 이 대지로부터 충분히 빠져나올 수 있다고 망상했다. 그렇다면 그들은 이탈의 경련과 환희를 누구에게 감사하려고 하는 것인가? 그들의 육체와 이 대지를 빼고 과연 누구에게?

차라투스트라는 병든 자에게는 관용을 베푼다. 나는 그들의 배은망덕에 분노하지 않는다. 다만 그들의 병이 낫고 스스로를 위해 좀 더 높은 육체를 창조하길 바랄 뿐이다.

형제들이여! 건강한 육체의 소리를 들어라! 이것이 더욱 솔직하고 순수한 소리다. 건강한 육체는 더욱 완전하고 견고하며, 그 소리는 더욱 솔직하고 순수하다. 건강한 육체는 대지의 의의를 말해준다.

내 어찌 그들에게 모든 감각기관의 작용을 죽이라고 권할 수 있겠는가?

나는 그대들에게 감각기관의 정화만을 일깨우리라.

나는 그대들에게 순결을 권할 것인가? 순결은 어떤 사람에게는 덕이다. 그러나 많은 사람들에게 있어서 악덕이다.

사람들은 원래 금욕을 한다. 그러나 그들 행위의 모든 그늘에서 성욕을 가진 암캐가 질투의 눈을 번뜩이고 있다.

성욕을 가진 암캐는 한 덩어리의 고기가 주어지지 않을 때 교묘하게 한 조각의 정신을 구걸한다.

다시 나는 그대들에게 이런 비유를 던지겠다. 악마를 내쫓으려던 사람들 가운데 적잖은 수가 끝에 가서는 돼지의 무리에 합세하고 만다!

순결하기 어려운 자는 순결을 버려라! 이로 말미암아 순결이 지옥의 길로 바뀌지 않도록 하기 위해, 영혼의 진흙탕과 음란하고 방탕한 길로 들어서지 않도록 하기 위해서 말이다.

결혼이야말로 최선의 길을 가로막는 장애물이자 재앙이다. 이제까지 위대한 철학자 가운데 과연 결혼한 자가 있었던가? 헤라클레이토스, 플라톤, 데카르트, 스피노자, 라이프니치, 쇼펜하우어 등등 위대한 철학자는 결혼을 하지 않았다.

그뿐만 아니라, 우리는 그들의 결혼 자체를 상상조차 할 수 없다. 결혼한 철학자라는 것은 그야말로 코미디다. 이것이 바로 나의 신조다. 단, 예외에 속하는 심술궂은 소크라테스라는 이 신조를 실증해 보이기 위해 일부러 결혼을 한 것 같다.

음란과 방탕함은 쇠잔한 자에게만 달콤한 독이다. 그러나 사자 같은 의지를 가진 자에게는 일종의 강장제가 된다. 즉, 소중하게 저장된 술과 같다. 음란과 방탕함은 좀 더 높은 행복과 높은 희망에 대한 위대한 희열을 비유한 것이라고 할 수 있다. 많은 사람들에게 결혼이 약속되고, 결혼 이상의 것이 약속되어 있다.

지배욕은 냉혹한 심정의 불타는 채찍이다. 가장 참혹한 것에 대비해 자기 역량을 저축하려는 잔학한 가책으로, 이는 마치 산 채로 불에 타서 죽는 장작의 처절한 불꽃과 같다. 또한 지배욕은 가장 허영심이 강한 민족에게 앉은 독충이다. 이 민족은 모두 준마처럼 긍지로 달려간다.

지배욕은 썩어빠진 동굴을 모두 분쇄하는 지진이기도 하다. 흰색으로 칠한 분묘를 굴러가면서 분노하고 벌하는 파괴자인 것이다. 재빠른 해답에 따르는 번개 같은 의문부인 것이다. 더욱이 이 개인적인 욕망을 해치는 것이야말로 덕이며, 덕이라고 일컬어져왔다. 이들이 사람들에게 자신을 잊은 상태인 몰아沒我를 원한 것은 실로 당연하지 않겠는가!

그러나 그날이 닥쳐왔다. 변동, 심판의 칼인 위대한 정오가 다가왔다. 그날이 되면 많은 일들이 명백해질 것이다.

자아로서 건전하고 신성하다고 선고하고, 또 야욕을 행복하다고 주장하는 자는 진실로 예언자라고 할 수 있다. 그는 내가 아는 바를 말한다. "보라, 다가왔도다. 위대한 정오가!"라고 말이다.

깊은 고뇌는 인간을 고귀하게 만든다

건강한 육체의 소리를 들어라

선과 악

FRIEDRICH WILHELM NIETZSCHE

올바른 신조를 가진 무리들을 보라!
그들은 어떤 사람을 가장 증오하는가?
바로 그들의 가치관을 깨버리는 자들이다.
파괴자, 범죄자 같은 사람 말이다.

선이란 무엇인가? 권력에 대한 감정을, 권력 의지를, 권력 자체를 인간에게 높여주는 모든 것.

악이란 무엇인가? 무력함으로 인해 생기는 여러 가지.

행복이란 무엇인가? 권력이 증가할 때 생기는 감정, 저항이 극복될 때 생기는 감정, 만족이 아니라 그 이상의 권력, 평화가 아니라 전쟁, 덕이 아니라 유능함을 말한다. 즉 르네상스식의 덕, 도덕에 구속되지 않는 덕을 의미한다.

약자와 불구자는 마땅히 몰락해야 한다. 이것이 인간애에 대한 제2의 명제다. 그러므로 사람들은 몰락한 자들이 철저히 몰락할 수 있도

깊은 고뇌는 인간을 고귀하게 만든다

록 조력해야 한다.

어떤 악덕보다도 더욱 유해한 것은 무엇인가? 모든 약자와 불구자들에게 동정을 베푸는 것이다. 그리스도교가 바로 그렇다.

이제까지는 선한 사람을 악한 사람보다 훨씬 가치 있게 평가했으며 인간의 진보, 공리, 번영이라는 측면에서 선한 사람을 드높이 평가하는 데 대해 조금도 의심하지 않았다.

그런데 만일 그 반대가 진리라면 어떤가? 만일 선한 사람 속에도 후퇴의 징조가 숨겨져 있다면? 마찬가지로 현재를 위해서 미래를 희생시키는 하나의 마취제가 숨어 있다면? 그리고 현재에 좀 더 안락하게, 위험성이 적게, 아담하게, 변변치 않게 살려고 한다면? 그 결과로 인해 인간이 도달할 수 있는 최고의 강력함과 호화로운 도덕에 도달하지 못하는 책임이 지워진다면? 다름 아닌 도덕이야말로 위험 중에서도 가장 위험한 것이라면 어떤가?

무엇 때문에 그대는 이처럼 놀라는가? 나무나 사람이나 마찬가지로 더 높이, 더 밝은 대기 속으로 뻗어나가려고 할수록 뿌리는 대지 속으로, 암흑 속으로, 타락으로, 악으로 향하려 한다.

범죄자는 형편이 좋지 않은 상태에서의 강한 인간 유형이며, 병든 강한 인간이다. 범죄자에게는 강한 인간 본능에 있어서 무기이며 방어 도구인 모든 것이, 그리고 정당한 효력을 보이는 어떤 종류의 자유롭고 생존 형에 가까운 야생적인 것이 결핍되어 있다. 범죄자의 여러 가지 덕은 사회에서 추방되어 있다.

범죄자가 지녀온 가장 생생한 충동은 억압하는 욕정, 의심, 공포, 치욕 등과 얽혀 있다. 그러나 이것은 생리학적 퇴화만을 촉진하는 처방이다. 자신의 최고 능력을 발휘하면서 가장 기꺼이 행하고 싶어하는 것을 긴장, 조심, 교활함으로 인해 오랫동안 행하지 못한 자는 빈혈증을 앓게 된다. 그리고 그는 늘 이러한 본능에 의해서 위험·박해·악운만을 경험했기 때문에 자신의 감정까지도 그 본능들에 거슬린다.

그는 이 본능들을 숙명적인 것으로 느낀다. 사회, 우리가 길들여진 범용하고 거세된 사회에서는 산이나 바다의 모험에서 오는 야성적 인간이 반드시 범죄자로 변질된다. 어쩌면 '거의 필연적으로'라고 표현해야 할지도 모른다. 왜냐하면 이러한 인간은 자신이 사회보다 강하다는 것을 입증하려는 경우가 있기 때문이다. 코르시카 섬 사람인 나폴레옹이 가장 대표적인 예다.

이 점에서는 도스토예프스키의 증언이 중요하다. 말이 나온 김에, 도스토예프스키야말로 내가 뭔가를 배운 유일한 심리학자다. 즉, 나의 생애에서 그를 발견한 것은 스탕달을 발견한 것보다 훨씬 더 아름다운 행운이었다.

천박한 독일인을 경멸할 권리를 열 배나 지니고 있었던 이 깊은 인간은 자신이 오랫동안 함께한 시베리아의 죄수들, 이제는 사회에 복귀할 길이 없는 진정한 중범죄자들에게서 그 자신이 예상했던 것과는 극히 다른 감정을 느꼈다. 나는 러시아의 땅에서 가장 훌륭하고 견고하면서도 가치 있는 목재로 새겨져 있는 바를 느꼈던 것이다.

'선'과 '악'이라고 불리는 낡은 망상이 있다. 이 망상의 수레바퀴는 일찍이 예언자와 점성가를 둘러싸고 회전해왔다. 인간은 오래전부터 예언자와 점성가를 받들었다. "모두 숙명이다. 그대는 해야 한다. 그대는 하지 않을 수 없다."라는 말 때문이다. 그러나 인간은 그 후 예언자와 점성가를 의심했다. "모두 자유다. 그대는 할 수가 있다. 그대가 원한다면……."이라는 말 때문이다.

오, 나의 형제들이여! 별과 미래는 이제까지 단지 망상에 불과할 뿐이었지 결코 이해되었던 것이 아니다. 그러므로 선과 악에 관한 것도 단지 망상일 뿐이었다. 결코 이해된 것이 아니다.

저 착한 자와 의로운 자를 보라! 그들은 어떤 사람을 가장 증오하는가? 바로 그들의 가치관을 깨버리는 자들이다. 파괴자, 범죄자 같은 사람 말이다. 그러나 어이하랴! 이 사람들이야말로 창조자인 것을. 올바른 신조를 가진 무리들을 보라! 그들은 어떤 사람을 가장 증오하는가? 바로 그들의 가치관을 깨버리는 자들이다. 파괴자, 범죄자 같은 사람 말이다. 그러나 어이하랴! 이 사람들이야말로 창조자인 것을.

창조자는 동반자를 구한다. 서로 수확해줄 수 있는 자를 구한다. 그에게는 모든 것이 성숙해 있으므로 단지 수확하는 손만 있으면 된다. 그에게 부족한 것은 백 개의 낫뿐, 그래서 그는 이삭을 쥐어뜯으며 초조해한다.

창조자는 동반자를 구한다. 스스로 낫을 갈 줄 아는 자를 구한다. 하지만 이러한 사람은 파괴자로 불리며, 선과 악의 모멸자로 지목된다. 그러나 이런 사람이야말로 수확하는 자이며 축복하는 자이다.

3장

신은
죽었다

시작의 글

FRIEDRICH WILHELM NIETZSCHE

2,000년 동안 그리스도교적이었던 것에 대해 대가를 지불하지 않으면 안 될 시대가 다가오고 있다. 우리는 삶을 지탱하는 그리스도의 중심을 상실했다. 우리는 어디로 가고, 어디로 돌아올 것인지를 알지 못하고 있다.

바로 이와 같은 인간의 극단적인 평가는 인간 내부의 증명된 대량의 에너지에 의해 돌연히 반대적인 가치 평가 속으로 전락하리라.

가장 희망에 넘치는 연극

FRIEDRICH WILHELM NIETZSCHE

'그대 자신이 제정한 법에 복종하라'는 외침은
언제가 반드시 입법자 자신을 향하게 된다.

모든 위대한 사물은 자기 자신에 의해, 자기 지양의 작용에 의해 몰락한다. 삶의 법칙과 삶의 본질 속에 숨어 있는 필연적인 '자기 초극'의 법칙이 그것을 바란다. '그대 자신이 제정한 법에 복종하라'는 외침은 언제가 반드시 입법자 자신을 향하게 된다. 따라서 교의로서의 그리스도교는 자기 자신의 도덕에 의해서 몰락했다. 이로 인해 도덕으로서의 그리스도교도 또한 몰락하지 않을 수 없다. 우리는 바로 이 사건의 입구에 서 있는 것이다.

그리스도교적 성실성은 하나의 결론을 이끌어낸 다음 최후에는 그 최강의 결론을, 즉 자기 자신에 반대되는 결론을 이끌어낸다. 그러나 이 일이 일어나는 순간은 그리스도교적 성실성이 "모든 진리에 대한 의지는 무엇을 의미하는가?"라고 묻는 바로 그때다.

여기서 나는 다시 나의 문제, 아니 우리의 문제에 대해 언급하는 바이다. 나의 알지 못하는 벗들이여(내가 이렇게 말하는 이유는 나는 아직 한 사람의 벗도 모르기 때문이다)! 우리 안에 있는 진리에 대한 의지가 스스로를 문제로 의식한다는 의미를 갖지 않는다면 도대체 어떤 의미를 가지겠는가?

진리에의 의지가 이처럼 스스로를 인식할 때, 이후 이것에 의해 도덕은 철저히 몰락한다. 나는 이 점을 조금도 의심치 않는다. 이것이야말로 유럽의 다음 두 세기를 위해서 대치된 클라이맥스 같은 연극이다. 즉, 이 연극은 모든 연극 중에서도 가장 무서운, 가장 문제적인, 그러면서도 가장 희망에 넘치는 연극이다.

나는 그리스도교의 참된 역사를 말하고자 한다. 먼저 '그리스도교'라는 말 자체가 하나의 오해다. 근본적으로는 단 한 사람의 그리스도인이 있었을 뿐이며, 그 사람은 십자가에 못 박혀 죽었다. '복음'은 십자가에서 죽은 것이다. 이 순간 이후로 '복음'이라고 불리던 것은 그 그리스도인이 살아온 것과 반대의 개념이 되어버렸다.

'나쁜 소식', 즉 불행음不幸音이 된 것이다. 예를 들어, 그리스도교에 의한 구제의 '신앙' 속에서 그리스도인의 표적을 찾는다면, 이는 천치 같은 과오를 범하는 격이다. 오로지 그리스도교적인 실천만이, 즉 십자가에 못 박혀 죽은 그 사람의 삶과 똑같은 삶만이 그리스도교적인

가장 희망에 넘치는 연극

것이다. 오늘날에도 이러한 삶은 가능하며, 어떤 유형의 인간에게는 반드시 이러한 삶이 필요하다. 한마디로 근본적이면서도 진정한 그리스도교는 어느 시대에도 가능하다.

이런 점에서 본다면 지금까지 단 한 사람의 그리스도인도 존재하지 않았다. 사람들이 2,000년 동안 그리스도인으로 불린 것은 단순히 심리학적인 자기 오해에 불과하다. 더욱 자세히 관찰한다면, 모든 '신앙'에서도 그리스도인 속에는 오직 본능만이 지배적으로 자리 잡고 있었다. 그런데 그것은 어떤 본능이었던가?

낡은 문화에 반항한 소박하고 싱싱한 민족적 생활을 여기에서 몽상한다면 이는 잘못이다. 그리스도교가 성장해서 뿌리를 박은 가장 변변치 못한 민족 안에서 지금 또다시 삶의 깊은 우물이 솟아난 듯이 생각하는 미신이 행해지고 있다.

그리스도교 정신을 새로 도래하는 민족을 강화시키는 표현으로 간주한다면, 그리스도교 정신이 인간 심리학을 조금도 이해하지 않았다는 결론이 나온다. 오히려 그것은 하나의 전형적인 데카당스 형식이며, 도덕적 취약이자 히스테리 증상이다. 민중을 유혹하는 데 능한 이 뛰어난 사람의 주위에 떼를 지어 모여든 기묘한 작자들은 모두 러시아의 소설에서 나왔다. 모든 신앙 쇠약증이 그들 둘레에 모여서 서식하고 있는 것이다. 과제의 상실, 모든 것이 종말에 도달해 어떤 것이든 이제 보답 받을 수 없다는 본능, 무위無爲의 즐거움…….

유대적 본능이 갖는 권력이나 미래에 대한 확신, 그리고 생존과 권력에 대한 강인한 의지는 지배 계급 속에 들어 있다. 젊은 그리스도교를 육성한 계층을 특징짓는 데는 본능의 권태 외에는 다른 아무것도 없다. 한편에서는 싫증이 나 있고, 다른 한편에서는 자기 자신에 대해 만족하고 있다.

예수는 순수하고 내면적이었다

FRIEDRICH WILHELM NIETZSCHE

'인간을 구원'하기 위함이 아니라,
어떻게 살아갈지를 인간에게 제시하기 위해
그가 인류에게 남긴 것은 오직 실천뿐이었다.

조금 관대하게 표현한다면, 예수를 하나의 '자유정신'이라고 부를 수
있을지도 모른다. 예수는 모든 고정물固定物에는 관심을 두지 않았다.
왜냐하면 언어는 고정된 모든 것을 죽인다고 생각했기 때문이다.

　예수만이 알고 있었던 '삶'의 개념, 즉 경험은 그에게 있어서는 모
든 종류의 언어, 형식, 법칙, 신앙, 교리에 반대되는 것이었다. 그는 가
장 내면적인 것만 말했다. '생명', '진리', '광명' 등은 가장 내면적인
것을 나타내는 그의 말들이며 그 밖의 모든 것, 즉 모든 현실성과 자
연 및 언어 자체까지도 그에게 있어서는 단지 기호와 비유의 가치 정
도에 지나지 않았다.

그리스도교의 교의적 선입관에 잠재된 유혹이 아무리 크다고 해도 이 점에 있어서는 결코 잘못 다뤄서는 안 된다. 이와 같은 독특한 상징주의자는 모든 종교, 모든 예배 개념, 모든 역사학, 모든 자연과학, 모든 세계 경험, 모든 지식, 모든 정치, 모든 심리학, 모든 서적, 모든 예술과 아무런 관계가 없는 상태에 놓여 있는 것이다.

그의 지식은 어떤 것일까? 우리는 그런 지식이 존재한다는 사실에 대해 전혀 사리를 분간하지 못할 정도로 어리석은 상태에 머물러 있다. 그의 문화에 대해서는 항간에 떠도는 소문으로밖에는 알지 못한다. 예수는 문화와 싸울 필요조차 없었다. 또한 문화를 부정하지도 않았다. 이는 국가에 대해서도, 전체 시민의 질서와 사회에 대해서도, 노동에 대해서도, 전쟁에 대해서도 마찬가지였다.

그는 '이 속세'를 부정할 만한 이유를 갖고 있지 않았다. 따라서 '이 속세'라는 교회적 개념을 결코 예감한 적도 없었다. 그에게는 부정이란 것이 전혀 불가능한 일이었다.

예수는 마음속에 있는 '천국'으로 직접 향하였지, 결코 유대 교회의 계율 속에서 수단을 찾지는 않았다. 그는 자기 보존의 개념을 가진 유대교의 실제성조차 무시했다. 예수는 순수하고 내면적이었으며, 조잡한 공식으로 신과의 접촉을 날조하는 법이 없었다.

그는 참회나 속죄의 가르침을 모두 반대했다. 그가 제시하는 것은 스스로가 '신격화되었다'고 느끼기 위해서는 어떻게 살아야 할지에 대한 문제와 자신의 죄를 참회하는 것만으로는 거기에 도달할 수 없다는 사실이었다.

그리고 '죄에 개의치 않는다'는 것이 그의 주요 판단이었던 만큼 죄, 참회, 사면은 그의 것이 아니었다. 이것들은 혼합된 유대교이거나 이교異教적인 것이다.

이 '즐거운 복음의 사자'는 그가 살아왔던 것처럼, 그리고 가르쳐왔던 것처럼 죽었다. '인간을 구원'하기 위함이 아니라, 어떻게 살아갈지를 인간에게 제시하기 위해 그가 인류에게 남긴 것은 오직 실천뿐이었다. 그 실천은 재판관, 변호인, 고소인 및 모든 종류의 비방과 조소 앞에 선 그의 태도, 즉 십자가에 못 박힌 그의 태도였다.

그는 반항하지 않았고, 자신의 권리를 변호하지 않았으며, 최악의 사태에서도 자신을 전혀 보호하려고도 하지 않았다. 오히려 그는 그들을 자극했으며, 자신에게 악을 행한 사람들 속에서 그들을 위해 기도하고 괴로워하고 사랑했다. 또한 그는 스스로를 방어하지 않았고, 화내지도 않았으며, 다른 사람의 탓을 하지도 않았다. 더구나 나쁜 사람들에게조차 반항하지 않았다. 심지어 그는 나쁜 사람들을 사랑했다.

예수가 십자가에 못 박혀 죽음과 동시에 '무엇'이 끝났는지를 알 것이다. 즉, 하나의 불교적인 평화 운동, 약속만이 아닌 실천, 지상의 행복 등에 관한 하나의 새롭고도 철저한 근원적인 바탕이 끝장나버렸다.

데카당스적인 두 종교의 근본적인 차이점을 살펴보면, 먼저 불교는 약속 없이 실천하고, 그리스도교는 무엇이든 약속은 하지만 아무 것도 실천하지 않는다. 즐거운 소식, 즉 복음의 이면에는 가장 나쁜 소식인 바울의 실천하지 않는 약속이 드러나 있다. 바울은 '즐거운 복음을 전달하는 사자'의 정반대 유형이었다.

이 불행의 사도는 모든 증오의 희생으로 무엇을 제공했던가! 무엇보다 그는 구세주를 희생시켰다. 즉, 바울은 구세주를 자신의 십자가에 못 박았던 것이다.

여러 가지 선악에 관한 복음의 숙명적인 업은 예수의 죽음과 함께 결정되었다. 그 복음의 숙업은 십자가에 걸려 있었다. 즉 예기치 못한 수치스러운 죽음이, 일반적으로 천민을 위해서만 놓여 있던 십자가가 비로소 사도들을 '그는 누구였던가? 그것은 무엇이었던가?'라는 본래적인 미궁 속으로 이끌었던 것이다.

동요를 일으키고 깊은 상처를 입은 감정 같은 죽음은 그들의 관심사를 반박하는 것이 아닌가라는 의욕, 즉 '왜 그렇게 되었던가?'라는 무서운 의문 부호 같은 상태를 잘 이해할 수 있을 것이다.

사도의 사랑이란 어떠한 우연도 알 수 없다. 이제야 비로소 심연의 입은 열렸다. '그를 죽인 자는 누구인가? 그의 진정한 적은 누구란 말인가?'라는 물음이 번쩍하고 스친 것이다. 그 답은 '지배권을 잡고 있던 유대교, 그 최상의 계급'이다. 그들은 자신들이 질서에 반항하는 반란 속에 있다는 사실을 깨달았다. 그리고 예수 역시 질서에 반항하며 반란을 꾀하고 있다고 생각했다.

하지만 그 당시만 해도 예수의 모습에서는 전투적이며 부정을 실천하는 행위적 특징을 찾아볼 수가 없었다. 도리어 그는 반대적 성향을 지니고 있었으며, 그 작은 집단은 이 중요한 사실을 이해하지 못했다. 이렇게 죽어가는 방법 속에 내포된, 모든 원한의 감정을 넘어선 자유와 초월을 깨닫지 못했다는 사실은 그들이 예수를 전혀 이해하지 못했다는 하나의 결정적인 증거다!

죽음에 임박해 예수가 희망하고 바라던 것은 오직 자신의 가르침에 대한 가장 강력한 증거와 증명을 공공연히 알리는 일뿐이었다. 그러나 사도들은 이러한 관용을 감히 생각조차 하지 못했다. 그렇게만 되었다면 최고의 복음이 될 수 있었을 텐데도 말이다. 이후 전혀 비할 데 없는 비복음적인 감정과 복수가 팽배했다. '보복'의 '심판'이 필요해진 것이다. 그러나 보복, 벌, 심판보다 더 비복음적인 것이 있단 말인가?

하룻밤 사이의 추억

FRIEDRICH WILHELM NIETZSCHE

무엇을 위한 그리스 사람인가?
무엇을 위한 로마 사람인가? 모든 게 헛된 것으로 끝나버렸다!
하룻밤 사이에 한낱 추억으로 바뀐 것이다.

타키투스나 고대 세계가 모두 말했듯이 유대인은 '노예로서 태어난'
자들이다. 또한 그들은 스스로가 말하고 믿고 있듯이 '선택받은 민
족'이다. 유대인은 가치 전도의 마술을 행했으며, 그 결과 지상에서
2,000년 동안 하나의 새로우면서도 위험한 매력을 지녀왔다.

그들의 예언자는 '부富', '배신', '폭력', '육감'을 한데 융합해 처음으
로 '세계'라는 말을 '모욕'이란 단어로 각인했다. 하나의 예로 이러한
가치 전도, 즉 '빈貧'을 나타내는 말을 신성神聖 및 '환희'라고 사용한
점을 들 수 있다. 여기에 바로 유대민족의 의의가 담겨 있는 것이다.
그리고 그들과 더불어 도덕에 있어서의 노예 반란이 시작되었다.

고대 세계의 모든 사업은 헛된 것으로 변하고 말았다. 나는 이와 같은 어마어마한 일에 대한 내 감정을 표현할 수 있는 어떠한 말도 갖고 있지 못하다. 그리고 그 사업이 하나의 준비 작업이었다는 것, 수천 년 동안에 걸친 어떤 사업의 기초 공사가 화강암 같은 자의식으로 겨우 이루어졌다는 사실을 고려한다면, 고대 세계의 모든 의미가 헛된 수고로 끝나고 말았다!

무엇을 위한 그리스 사람인가? 무엇을 위한 로마 사람인가? 모든 게 헛된 것으로 끝나버렸다! 하룻밤 사이에 한낱 추억으로 바뀐 것이다. 그리스 사람이, 로마 사람이 말이다. 본능의 고귀함, 취미, 방법적 연구, 조직 및 관리의 천재, 인간의 미래에 대한 신념과 의지, 모든 감각에 대해 가시적이 되었던 위대한 양식이 말이다.

그러나 이것들이 하룻밤 사이에 파묻혀버린 것은 자연적인 사변事變에 의한 것이 아니다. 게르만 민족이나 그 밖에 묵직한 발자취를 가진 야만족에 의해 짓밟힌 것도 아니다. 오히려 교활하고 은밀하며 눈에 띄지 않는, 피를 빠는 흡혈귀에 의해 능욕 당한 것이다.

패배한 것은 아니다. 다만 피를 빨리고 말았다. 그림자 속에 숨은 복수욕과 비천한 질투심의 지배자가 된 것이다. 모든 처량한 사람, 자기 자신으로 괴로워하는 사람, 나쁜 감정으로 애태우는 사람, 유대적인 모든 심혼의 세계가 돌연히 상좌上座를 차지해버린 것이다!

그리스도교적·유대교적인 삶에서는 르상티망이 우세하던 것도 아니다. 큰 박해가 이 정도의 격정을 동원할 수 있었던 것이다. '사랑의 불꽃'이나 '증오의 불꽃'은 스스로의 신앙을 위해서 자신이 가장 사랑하는 사람이 희생되는 모습을 눈앞에서 봤을 때 공격적으로 변한다. 따라서 그리스도교의 승리는 박해자들 덕분이다.

독일 사람들은 르네상스 문화를 빼앗았다

FRIEDRICH WILHELM NIETZSCHE

종교 개혁에는 강한 욕구가 담겨 있으며,
그 잔인성이 위장을 필요로 했을 뿐이다.

그리스도교에 길이 열린 것을 이교異教의 퇴폐라고 주장하다니, 이는 역사학에 있어서 가장 큰 거짓말이다. 그러나 이는 사실 고대인의 약화나 도덕화였다. 즉, 자연 충동을 덕을 배반하는 행위라고 해석해버린 일이 벌써부터 선행되고 있었던 것이다.

역사학에 있어서의 실속 없는 큰 거짓말, 즉 교회의 퇴폐가 종교 개혁의 원인인 것처럼 간주되고 있다. 이는 종교 개혁 신동자 측의 자기기만에 지니지 않는다. 종교 개혁에는 강한 욕구가 담겨 있으며, 그 잔인성이 위장을 필요로 했을 뿐이다.

여기에서 우리는 독일 사람에게 몇백 배나 더 고통스러운 추억을

독일 사람들은 르네상스 문화를 빼앗았다
•

더듬어볼 필요가 있다. 독일 사람들은 유럽인들이 거두어들일 예정이던 최후의 위대한 문화적 수확인 르네상스 문화를 빼앗았다. 사람들은 르네상스가 무엇인지를 이해하려고 했던 것일까? 그리고 이해하고 있을까? 르네상스는 그리스도교적 가치의 전환인 동시에 반대 가치 및 고귀한 가치를 승리하게끔 하기 위해 모든 수단, 본능, 천재를 동원하는 시도였다. 지금까지 위대한 싸움은 오직 르네상스뿐이다.

르네상스 이상의 어떤 결정적인 문제 제기는 지금까지 단 한 번도 없었다(내가 제기한 문제 역시 르네상스와 관련 있다). 적의 중심을 향해 몰아치는 공격 형식으로서 이보다 더 근원적이고 직선적이며 엄중한 것은 없었다. 이는 결정적 지점인 그리스도교의 본거지를 공격하는 것, 그리고 고귀한 가치를 왕위에 올려놓는 것, 말하자면 거기에 자리 잡고 있는 사람들의 본능과 가장 깊은 욕구 속에 고귀한 가치를 집어넣는 것이었다.

나는 완전히 초지상적인 매력과 채색된 자극을 갖는 하나의 가능성을 보았다. 나에게는 그 가능성이 세련된 아름다움의 모든 전율 속에서 빛나는 듯했다. 그 가능성에는 악마처럼 보일 정도로 무척 신적인 하나의 예술이 작용하고 있는 것처럼 보인다. 이런 가능성은 몇천 년에 걸쳐서 찾아봐도 헛된 일처럼 여겨진다.

나는 하나의 연극을 본다. 그것은 매우 의미심장한 동시에 놀랄 정도로 역설적이어서, 올림포스의 모든 신들도 불멸의 웃음을 띨 정도다.

내 말을 이해할 수 있는가? 이제는 됐다. 나만이 바랐던 바가 오늘날 승리한 것이다. 그 이유로 그리스도교는 제거되었다. 그런데 무엇이 일어났던가? 독일인인 수도사 루터가 로마로 찾아왔던 것이다. 불행해진 승려들의 모든 복수심을 몸 안에 지닌 이 수도사가 로마에서 르네상스에 대한 모반을 일으켰다! 그리스도교를 근거지에서 벗어나게 만든 이 거대한 사업을 가장 깊은 감사의 마음으로 이해하는 대신, 그의 증오심은 자신의 몫을 뽑아내는 일만을 이해했을 뿐이다. 이렇듯 종교적인 인간이란 자기 한 몸만 생각한다.

루터는 법왕권法王權의 퇴락을 간파했지만, 사실은 그 반대되는 현상을 정확히 파악했어야 한다. 낡은 퇴폐와 원죄, 그리고 그리스도교 등은 이미 법왕의 자리를 물러났기 때문이다. 그 자리를 차지하고 앉은 것은 그렇지 못한 삶, 그것이 아닌 삶의 개가凱歌, 그것이 아닌 모든 높고 아름다우며 대담한 사물에의 위대한 긍정이다.

이로써 루터는 교회를 부활시키고 말았다. 그가 교회를 공격했기 때문이다. 이로 인해 르네상스는 하나의 무의미한 사건이자 거대한 허사가 되어버렸다. 아아, 이 독일인들은 우리에게 어떤 희생을 치르도록 했는가. 모든 일이 허사였다. 그리고 바로 이러한 일이 늘 행하는 독일인들의 사업이었다.

사람을 병들게 하는 것

FRIEDRICH WILHELM NIETZSCHE

지구는 하나의 정신병원이 아니던가?
그리스도 교인은 누구나 마음대로 되는 것이 아니다.

그리스도교가 병을 필요로 하는 것은 마치 그리스 정신이 넘쳐흐르는 건강을 필요로 하는 것과 같은 이치다. 사람을 병들게 하는 것이 교회가 가지는 모든 구제 제도의 근본 의도다. 그런 점에서 교회는 궁극적으로 가톨릭적 정신병원이 아니던가? 지구는 하나의 정신병원이 아니던가? 그리스도 교인은 누구나 마음대로 되는 것이 아니다. 그리고 사람들은 그리스도교에 '회개'하는 것이 아니다.

사람들은 그리스도 교인이 되기 위해 충분히 병적이어야 한다. 경멸하는 용기를 지닌 다른 종족들은 육체를 오해하게끔 가르치는 종교를 경멸해도 괜찮다. 영혼의 미신을 버리지 않으려는 종교를 말이다. 충분히 영양을 섭취하지 못하는 것을 자랑으로 내세우는 종교를 말이다. 건강을 하나의 적으로 여기고 악마의 유혹으로 간주해 싸움을 걸어오는 종교를 말이다. 시체 같은 육체에도 '완전한 영혼'이 있다고 생각하는 동시에, 빈약하고 쇠약하며 치료할 수 없는 육체의 한 계열인 증상에 불과한 신성성이 필요하며 또한 그것을 믿도록 한 종교를 말이다.

그리스도교는 인간을 완전히 압박하고 굴복시켰으며, 깊은 진창 속으로 밀어 넣었다. 죄인인 된 듯한 이 완벽한 느낌 속에 신의 자비를 한꺼번에 내려주었던 것이다. 거기서 불의의 습격을 받은 사람과 은총에 주눅 든 사람은 황홀한 나머지 소리를 질렀고, 그 순간 천국 전체를 자신 속에 품고 있다고 믿었다.

이렇듯 그리스도교의 모든 심리학적 발명은 감정의 병적인 탐닉과 거기에 필요한 두뇌나 마음속 깊이 자리 잡은 퇴폐를 지향한다. 그리스도교는 파멸시키고 파괴하며 마비시키고 취하게 하려고 한다. 그것은 오직 한 가지 절도節度만은 가지려고 하지 않는다.

그러므로 그리스도교는 가장 깊은 의미에서 야만적이고 아시아적이며, 고귀하거나 그리스적인 것이 절대 아니다.

자연성을 박탈당한 군거동물群居動物의 도덕인 그리스도교는 오해나 자기 현혹의 상태에서 행해진다. 민주주의화는 이것의 자연적인 형태 및 거짓말 측면에서 볼 때 적은 편이다. 사실 압박당한 자, 변변치 못한 자, 노예나 반노예의 모든 대군大群이 권력에 대한 의지를 갖고 있다.

제1단계: 그들은 자신을 자유롭게 한다. 처음에는 공상으로만 자신을 해방하지만, 서로 다른 것을 인정하고 스스로를 관철시킨다.

제2단계: 그들은 투쟁을 개시 및 승인하는 동시에 평등과 '공정公正'을 희망하고 바란다.

제3단계: 그들은 특권을 바라고 추구한다. 그들은 권력의 대표자를 자기편으로 끌어들인다.

제4단계: 그들은 권력의 독점을 추구하고 희망한다. 게다가 그것을 수중에 넣는다.

그리스도교에 있어서는 세 가지 요소가 구별되어야 한다.

1. 모든 종류의 압박받은 자.
2. 모든 종류의 범용凡庸한 자.
3. 모든 종류의 불만을 가진 자.

앓고 있는 자는 제1의 요소에서 정치적으로 고귀한 자와 그 이상과의 투쟁, 제2의 요소에서 모든 종류의 예외적인 특권을 갖는 자와 투쟁, 제3의 요소에서 건강하고 행복한 자의 자연적 본능과 투쟁한다.

그리스도교가 승리를 거두자, 제2의 요소가 전면에 나타난다. 왜냐하면 이때 그리스도교는 건강하고 행복한 자를 그리스도교 편에 서는 전사戰士로, 그리고 권력 있는 자를 군중제압群衆制壓 때문에 관심을 끄는 자로 설득해버렸기 때문이다.

그 결과 그리스도교에 의해 최고의 인가를 받게 되는 것은 축군畜群 본능, 또는 모든 점에서 많은 가치를 지니는 범용 본성이다. 이 범용 본성도 끝내는, 자신들도 정치적 권력에 관여해도 좋다는 의식에 이른다.

민주주의는 자연화된 그리스도교다. 즉, 극단적인 반자연성으로 인해 그리스도교가 반대의 가치 평가에 의해서 한계를 초월하는 경지에 몰린 상태에서의 '자연에의 복귀'인 것이다. 이로 인해 귀족주의적 이상이 결과적으로 자연성을 박탈하고 만다. '고귀한 인간', '고급의', '예술가', '격정', '인식' 등처럼 말이다.

신약 성서와 구약 성서

FRIEDRICH WILHELM NIETZSCHE

『구약 성서』를 이해하느냐 못하느냐 하는 것이야말로
'위대함'과 '보잘것없이 작음'을 구분하는 시금석이다.

『신약 성서』를 읽을 때는 장갑을 끼는 것이 좋다. 그러한 불결한 것
에 접근하려면 어쩔 수 없는 일이다. 우리는 불결한 유대인과 똑같이
'초기 그리스도교도'와의 교제도 좋아하지 않을 것이다. 하지만 그들
에게 어떤 이론을 제기할 필요는 없다. 나는 『신약 성서』 중에서 단
하나라도 동감할 수 있는 부분을 찾으려고 애썼지만 헛일이었다.

　『신약 성서』에는 자유, 선량, 공명정대함, 정직함 등은 전혀 담겨 있
지 않다. 그뿐 아니라 인간성이란 단서조차 보이지 않는다. 순수한 청
결의 본능이 결핍되어 있는 것이다.

　『신약 성서』에는 나쁜 본능만 담겨 있다. 이 나쁜 본능에 용기마저

도 없다. 『신약 성서』에 있는 것은 모두 나약하고, 모두 눈을 감고 있으며, 자기기만으로 가득할 뿐이다. 그래서 『신약 성서』를 읽은 다음에는 모든 책이 순하게 읽힌다.

유럽인이 어떠한 야만적 개념, 즉 '영혼의 구제'가 어느 한 권의 책에 걸려 있다는 어리석은 믿음을 안고 있다는 사실이 백일하에 드러나지 않았다. 이러한 믿음은 오늘날까지도 계속되고 있다. 교회가 견지하고 있는 불합리한 성서 해석이 지금도 수치심을 느끼지 않는다면 모든 과학 교육이, 모든 비판이나 해석학이 도대체 무슨 소용이란 말인가?

『구약 성서』는 분명 다르다. 『구약 성서』에는 모든 경의를 표해도 좋다. 그 속에는 위대한 인간, 영웅적인 광경, 그리고 이 지상에서 가장 드문 어떤 것, 즉 강건한 심정의 순진성을 발견할 수 있다. 게다가 거기에서는 또 하나의 민족을 발견할 수 있다.

『구약 성서』를 이해하느냐 못하느냐 하는 것이야말로 '위대함'과 '보잘것없이 작음'을 구분하는 시금석이다. 일종의 로코코 취미에 지나지 않는 『신약 성서』를 『구약 성서』와 함께 두루뭉술하게 만들었다는 것, '성서 그 자체'로 만들어버렸다는 것이야말로 유럽 문학 정신의 가장 파렴치한 행위이자 '성령에 대한 죄'가 아니겠는가.

석가모니의 가르침

FRIEDRICH WILHELM NIETZSCHE

석가모니는 견해를 달리하는 사람들과 투쟁할 것을 요구하지 않았다.
그의 가르침은 무엇보다도
복수, 증오, 원한의 감정에 치우치지 않도록 노력하는 데 있다.

나는 그리스도교를 단죄했지만, 이것으로 말미암아 그리스도교와 친근한 하나의 종교, 신도의 수가 훨씬 많은 불교를 부정하고 싶지는 않다. 그리스도교와 불교는 모두 허무주의적인 종교다. 즉, 어느 것이든 데카당스의 종교다. 그러나 이 두 종교는 아주 현저한 차이점을 지닌다. 오늘날 이 두 종교를 비교할 수 있는 데에 대해 그리스도교를 비판하는 사람은 인도 학자에게 깊은 감사를 표하지 않으면 안된다.

불교는 그리스도교보다는 몇백 배나 현실주의적이다. 불교는 객관적으로 냉정하게 문제를 제출하는 유산을 체내에 지니고 있으며, 이

석가모니의 가르침
·
153

는 몇백 년이나 계속된 철학적 운동의 결과로 나타났다.

불교가 나타났을 당시에는 이미 신이란 개념이 제거된 상태였던 것이다. 불교는 역사가 우리에게 제시해준 유일하고도 본래적인 실증주의 종교다. 하나의 엄밀한 현상주의인 인식론에 있어서도 역시 동일하다. 불교에서는 '죄악에 대한 투쟁'이란 말을 쓰지 않는 동시에, 현실의 권리를 전면적으로 인정하면서 '고통에 대한 투쟁'을 주장한다.

그리스도교와 현저히 구별되는 불교의 이러한 도덕 개념은 자기기만을 이미 넘어섰다. 불교를 나의 용어로 표현한다면, 선악의 피안에 서 있는 것이라고 하겠다. 불교의 근거가 되면서 내가 주시하고 있는 두 가지 생리학적 사실이 존재한다.

첫째, 감수성이 지나칠 정도로 예민하다는 점이다. 이는 고통을 받아들일 때 세련된 능력으로 나타난다.

둘째, 과도한 정신화의 개념과 논리적 방법에 너무 오랫동안 얽매어 살아온 만큼 인격적인 본능은 손상을 입고 '비인격적인 것'이 유리해졌다.

적어도 나의 독자 중 몇몇 객관적인 사람들은 나와 똑같은 경험으로 인해 이 두 가지 사실을 알고 있을 것이다.

이러한 생리학적 조건에 근거해 하나의 억울함이 발생하며, 이것에 대해 석가모니는 위생학적인 방법을 상용화했던 것이다. 구체적으로 석가모니는 옥외屋外 생활과 방랑 생활을 적용했다. 그리고 절제된 식사, 모든 술에 대한 경계, 분노와 혈기 충천하는 욕정에 대한 경계, 자신과 타인에게 번뇌를 안겨서는 안 된다는 경계를 요구했다.

그는 이것 외에도 상념의 악습을 방지하는 수단도 고안해냈다. 즉, 석가모니는 선과 선의善意를 갖는다고 생각하면, 건강이 촉진된다고 믿었다. 기도는 욕정과 마찬가지로 배척당했으며, 어떠한 지상 명령도 강제성을 가지지 않았다. 이는 승단僧團 내에서조차 동일하다(사람은 또다시 세상에 태어날 수 있다). 이 모든 것들은 지나칠 정도의 민감성을 강화하기 위한 수단에 지나지 않는다.

그래서 석가모니는 견해를 달리하는 사람들과 투쟁할 것을 요구하지 않았다. 그의 가르침은 무엇보다도 복수, 증오, 원한의 감정에 치우치지 않도록 노력하는 데 있다. '적대란 끝나지 않는다'라는 말은 모든 불교에 있어서 감동적인 반복 어구다. 그리고 이 말은 무척이나 당연하다.

그리고 병에 걸리지 않고 오래 살기 위해서 건강관리를 잘해야 한다는 측면에서 본다면, 이러한 욕정이야말로 건강하지 않은 것이어야 한다. 석가모니가 직접 눈으로 보고 과대한 '객관성', 즉 개인적 관심의 약화 및 중심과 '이기주의'의 상실 속에서 나타나는 정신적 권태를 극복하고자 한다면 제일 정신적인 관심조차도 개인적인 인격으로 환원시켜야 한다. 석가모니의 가르침 속에서는 이기주의가 의무로 변한다. 즉 '없어서는 안 될 단 하나만'이, 즉, '어떻게 해서 그대는 괴로움에서 해방되는가'만이 모든 정신적 건강을 규정하고 한계를 지운다.

　마찬가지로 순수한 '과학성'에 도전한 그 아테네 사람, 다시 말해 인격적 이기주의를 모든 문제의 영역에서 도덕으로 끌어올린 소크라테스가 떠오른다고 해도 좋다.

　불교는 극히 온화한 풍토와 도의상 강조되는 유화 및 관용을 전제로 하지, 결코 군국주의적인 것을 강조하지 않는다. 이는 불교가 상류계급과 지식층 계급에서 유래했다는 데 그 원인이 있다. 쾌활함, 정숙, 무욕이 최고의 목표이며 이 목표는 누구든 달성할 수 있다.

　불교는 단지 완전성의 획득만을 열망하는 종교가 아니다. 여기에서 완전성이란 정상적인 경우를 뜻한다.

신과 인간

FRIEDRICH WILHELM NIETZSCHE

인간의 모든 위대성이나 강대함이 초인간적인 것,
외부로부터 오는 것이라고 여기는 한
인간은 스스로를 비천하고 보잘것없는 존재로 생각하게 된다.

그리스도교는 마음을 가볍게 하기 위해서 발생한 것이다. 그러나 미
래에 가벼움을 느끼기 위해서라도 지금은 마음을 무겁게 갖지 않으
면 안 된다. 따라서 그리스도교는 몰락할 것이다.

나는 그리스도교를 지금까지 없었던 전세前世의 응보라고, 유혹의
씨를 가진 거짓말이라고, 성스럽지 못한 큰 실언이라고 간주한다. 그
리스도교가 어떠한 변장을 하더라도 나는 그 속에서 그리스도교 이
상理想의 새싹과 어린 가지를 끌어낼 수 있다.

어쨌든 나는 그리스도교에 대해서 불분명한 태도를 취하지 않는
다. 나는 그것과 싸우라고 강요한다. 비천하고 가난한 사람들의 도덕

성이야말로 문화가 지금까지 제시한 가장 가슴 울렁이는 변질이다. 더욱이 이와 같은 이상이 '신'으로서 인류의 머리 위에 여전히 걸려 있다니!

유럽인들은 거대한 폐허의 세계에 직면해 있다. 아직 몇몇 건물만이 높이 기분 나쁘게 서 있을 뿐 대부분의 건물들은 이미 땅 위에 가로놓여져 있다. 근사한 한 폭의 그림 같은 이 폐허처럼 더 아름다운 것이 또 어디에 있단 말인가?

이 폐허에는 작고 커다란 잡초가 무성히 자라고 있다. 이 몰락의 도시는 바로 교회다. 우리는 그리스도교의 종교적 사회가 그 가장 깊은 곳에까지 진동하고 있음을 보았다. 신에 대한 신앙은 전복되었다. 그리스도교적 금욕주의의 이상에 대한 신앙, 이제 바로 그 최후의 전투가 벌어지고 있는 것이다.

나는 지난날 고소인들이 제기한 모든 고소 가운데 가장 가공할 만한 고소를 교회를 상대로 제기한다. 그리고 이 고소 내용을 장소를 가리지 않고 도처에 내걸려고 한다. 나는 장님조차도 볼 수 있는 문자를 가졌다.

나는 그리스도교를 하나의 크나큰 저주, 거대한 내적 퇴폐, 어떤 수단을 취하든지 유해하고 음험하고 자학적이며, 지나치게 비천하고 보잘것없다고 말할 수 없는 하나의 큰 복수 본능이라고 부른다. 그리고 나는 그것을 영원히 지워지지 않을 하나의 오점이라고 부른다.

더욱이 시간은 이 흉일厄日을 바탕으로 해서, 그리스도교의 최초의

신과 인간
·

날을 기준으로 해서 계산되고 있다니! 무슨 까닭으로 그 최후의 날을 기준으로 헤아리지 않는가! 오늘을 기준으로 해서? 모든 가치의 전환!

모든 변화는 작용이다. 즉, 모든 작용은 의지의 작용이다. 이것에는 '자연', '자연 법칙'이라는 개념이 결여되어 있다. 모든 작용에는 어떤 행위자가 없어서는 안 된다. 이것이 그 주장이다. 초보 심리학은 자기 자신이 원인이 되는 것은, 스스로가 하고 싶어했다는 사실을 자신이 알게 되는 그 경우뿐이라고 주장한다.

그 결과 권력은 스스로가 원인은 아니라는, 거기에 대한 책임은 없다는 감정을 인간으로 하여금 갖게 한다. 그리고 이러한 형태는 바라거나 원하지 않아도 도래하게 된다. 따라서 우리가 그 원인은 아니다. 부자유의 의지, 다시 말해 우리가 그것을 바라거나 원하지 않았는데 우리에게 수반되는 변화의 의식은 밖에서 보는 다른 어떤 의지를 필요로 한다.

결론적으로, 인간은 강하고 경탄할 만한 자신의 계기 전체를 애써 스스로에게 돌리려고 하지 않았다. 오히려 인간은 그것들을 '수동적인 방패'로 삼아서 맞섰다. 즉, 종교란 인격의 통일에 대한 회의의 산물이며 인격의 변경인 것이다.

인간의 모든 위대성이나 강대함이 초인간적인 것, 외부로부터 오는 것이라고 여기는 한 인간은 스스로를 비천하고 보잘것없는 존재로 생각하게 된다. 그리고 인간은 가련할 만큼 약한 면과 놀랍도록 강한 면을 두 영역으로 분열시킨 뒤 전자를 '인간', 후자를 '신'이라고 불렀다.

인간은 계속해서 이 점을 시인해왔다. 인간은 도덕적 특이 체질을 가진 시기에는 자신의 고상한 도덕 상태를 '바라고 원하던 것', 또는 인격의 '소행'으로 해석하는 법이 결코 없었다. 그리스도교도 역시 자신의 인격을 그들이 인간이라고 부르는 약하고 보잘것없는 허구와 신이나 구제자라고 부르는 또 다른 허구로 분열시켰다.

종교는 '인간'이라는 개념을 질이 낮고 변변하지 못한 것으로 만들어버렸다. 그 극단적인 결론은 우수하고 위대하며 참된 것은 모두 초인간적이며, 은총에 의해서만 하사된다는 점이다.

인간을 사랑하는 일

FRIEDRICH WILHELM NIETZSCHE

인간에 대한 사랑을 처음으로 느끼고 체험한 사람은
그 상대가 누구였든 그에게 상냥한 말을 던지기 위해서
얼마나 더듬거렸을까?

욕망은 손안에 넣고 싶어하는 것을 확대한다. 그것은 충족되지 않았
다는 이유로 스스로 증대한다. 최대의 이념이란 좀 더 강렬하면서도
가장 장기간에 걸친 욕망이 이루어진 것이다. 우리는 사물에의 욕망
이 격화하면 격화될수록 그 사물에 좀 더 많은 가치를 안겨준다.

'도덕적 가치'가 최고의 가치로 인정되는 동시에 '도덕적 이상'이
모든 고뇌의 피안彼岸이자 정복의 수단으로 간주되는 한, 도덕적 이
상은 충족되지 못한 가장 큰 이상이 되어버린다. 그럴 경우 인류가
열정으로 고수해온 것은 단지 헛된 안개에 지나지 않게 된다. 인류
는 드디어 스스로의 절망과 스스로의 무능력을 '신'이라고 명명한

것이다.

자신의 고뇌에서 눈을 돌려 스스로를 읽는 일이야말로 고뇌하는 사람에게는 푹 빠질 만한 도취적인 쾌락이다. 그리고 나는 일찍이 도취적인 쾌락과 자기 상실이야말로 세계적인 것이라고 생각했다.

이 세계, 영원히 불완전한 세계, 영원히 모순된 그림자, 불완전한 그림자 같은 것도 이 세계의 불완전한 창조자에게는 도취적인 쾌락이다. 나는 세계를 일찍이 이러한 것이라고 생각했었다. 이처럼 나도 과거에는 세계론자처럼 인간의 피안에 망상을 던졌으니, 그것은 과연 인간의 피안이었던가?

아아, 형제들이여! 진실인즉, 내가 창조한 이 신은 다른 신과 똑같이 인간이 만들었으며 인간의 광기였다. 즉, 이 신은 인간이었다. 더욱이 자아의 빈약한 일부분이었다. 자신의 재와 불꽃 속에서 이 신은, 이 유령은 나타난 것이다. 즉, 그것은 결코 피안에서 온 것이 아니다.

압축된 역사, 내가 전에 들었던 말들 가운데 가장 진실한 문구는 "태초에 무의미가 있었다. 무의미는 신과 함께 있었다. 무의미는 신 (신적)이었다."이다.

뭐라고? 신의 실책 가운데 하나라고? 그렇지 않다면 신이 인간의 실책에 불과한 것인가?

그리스도교적 신의 개념은 병든 자로서의 신, 거미로서의 신, 정신으로서의 신 등 지상에 만들어놓은 신의 개념 가운데 가장 부패한 것이다. 아마도 그리스도교적 신은 신들의 유형이 어느 곳까지 깊이 추락할 수 있는지를 측정하는 수위계_{水位計} 구실을 할지도 모른다.

신이 삶을 명랑하게 만들고 영원한 긍정을 제공하는 대신 삶을 모순으로 변질시켜버렸다. 신은 삶, 자연, 삶의 의지, 자연에의 의지 등을 적대자로 선고했다. 신은 고통이 가득한 이 세상인 '차안_{此岸}'을 모든 비방으로, 열반의 세계인 '피안_{彼岸}'을 모든 기만의 형식으로 만들었다. 그리고 신은 허무를 신으로, 허무에의 의지를 신성한 것으로 선언했다.

인간을 사랑하는 일은 지금까지 인간이 이룬 가장 고귀하고 고매한 감정이었다. 단, 신성화하는 의도가 없는 인간에 대한 사랑은 우매하며, 오히려 야수적이다. 인간애의 성향은 좀 더 높은 것에 대한 성향에서 비로소 그 기준, 우아함, 극소량의 소금과 귀한 향유고래에서 나는 향을 얻을 수 있다.

인간에 대한 사랑을 처음으로 느끼고 체험한 사람은 그 상대가 누구였든 그에게 상냥한 말을 던지기 위해서 얼마나 더듬거렸을까? 그는 지금까지 가장 높이 올라가고, 가장 아름다우며, 가장 매혹적인 인간으로서 어느 시대에도 존경받는 한 성자로 남으리라!

한 호수가 있는데, 어느 날 스스로 흘러나갈 것을 거부하고 이때까지 자신이 흘러가던 길목에 하나의 둑을 쌓으니, 그 후 호수는 자꾸만 높아만 가더라. 이 호수 이야기는 우리에게 견딜 수 있는 힘을 부여해주리라. 아마도 인간은 그때부터는 자꾸만 높이 올라갈지니, 결코 하나의 신에게로 흘러나가지는 않으리라.

신은 죽었다

FRIEDRICH WILHELM NIETZSCHE

신은 죽었다.
그러나 인간은 앞으로 수천 년 동안 동굴 속에서 신의 그림자를 보여주리라.
우리는 이 그림자 역시 극복하지 않으면 안 된다.

밝은 대낮에 등불을 켜 들고 시장에 나와 "나는 신을 찾고 있다! 나는 신을 찾고 있다!"라고 고함치는 저 미친 인간을 그대들은 본 적이 없는가? 마침 시장에는 신을 믿지 않는 많은 사람들이 한곳에 모여 있었기 때문에 그는 큰 웃음거리가 되고 말았다. 미친 인간은 그들 한가운데로 뛰어 들어가서는 꿰뚫는 듯한 눈빛으로 그들을 노려보았다. 그리고 "신은 어디로 가셨느냐?"라고 소리쳤다.

　내가 그대들에게 그에 대한 대답을 해주리라. 우리가 신을 죽였다! 그대들과 내가 말이다. 우리 모두가 신을 죽인 살인자다. 그렇다면 우리는 어떻게 이 일을 저질렀을까?

신은 죽었다. 신은 죽은 채 그대로 있다. 우리가 그를 죽인 것이다. 살인자 가운데 한 사람인 우리는 어떻게 스스로를 위로할 것인가? 속죄 의식이 진행되기 전에 우리는 어떤 성스러운 음악을 생각해내야 한단 말인가? 이와 같은 위대한 행위는 우리에게 과분한 것이 아닐까? 우리는 오직 신들에게 유용한 존재로 보이기 위해서라도 우리 스스로가 신이 되어야 하지 않을까?

여기에서 그 미친 인간은 입을 다물고, 다시 주위의 청중들을 둘러보았다. 그들 역시 입을 다물고 놀란 눈으로 미친 인간을 쳐다보았다. 순간 그는 등燈을 땅에 내동댕이쳤고, 등이 산산조각이 나면서 불이 꺼졌다. 그리고 그는 "나는 너무도 빨리 왔다. 나는 아직 때를 만나지 못했다. 이 엄청난 중대사는 아직 진행 중이며, 방랑 중이다. 그것은 아직 인간의 귀에 도달하지 않았다. 번개와 천둥은 시간을 필요로 한다. 별빛도 시간을 필요로 한다. 이미 이루어진 행위 역시 보이고 들리기 위해서는 시간이 필요하다. 이 행위는 인간에게 있어서 여전히 가장 먼 거리의 별보다 더 멀리 있다. 그런데 바로 그들이 이것을 했던 것이다."라고 말했다.

소문에 의하면, 그 미친 인간은 바로 그날 여러 곳의 교회에 들어가 '신의 영혼 진혼가'를 불렀다고 한다. 그리고 밖으로 끌려나와 심문받을 때, 그는 이렇게 대답했다고 한다.

"이 교회가 신의 무덤과 묘비가 아니라면 도대체 무엇이란 말인가?"

신은 죽었다

·

167

석가모니가 죽은 뒤에도 사람은 수백 년 동안 그의 그림자를 한 동굴 속에서 보여주었다. 하나의 기괴하고 무시무시한 그림자를 말이다.

신은 죽었다. 그러나 인간은 앞으로 수천 년 동안 동굴 속에서 신의 그림자를 보여주리라. 우리는 이 그림자 역시 극복하지 않으면 안 된다.

우리의 명랑함은 무엇을 의미하는가? '신이 죽었다', 그래서 그리스도교적 신은 믿을 만한 것이 못 된다는 최근의 가장 큰 사건은 이미 최초의 그늘을 유럽에 던지기 시작했다.

우리는 일반적으로 다음과 같이 말해도 좋을 것이다. 즉, 그 지식만이라도 도달되었다고 말할 수 있기에는 사건 자체가 엄청나게 크며, 많은 사람의 파악 능력에서 너무나 동떨어져 있다고 말이다.

그와 더불어 어떤 일이 실제로 일어났는가? 그리고 이 신앙이 몰락한 오늘날 이제 어떤 것들이 모두 궤멸해야 하는가? 전 유럽의 도덕이 그 위에 수립되어 있고, 그것에 의지해 있으며, 그 속에서 성장해 왔다는 점을 이미 알고 있는 많은 사람들은 언급하지 않고 말이다.

오늘날 절박한 상황인 파손, 파괴, 몰락, 전복의 긴 대열을 어느 누가 충분히 통찰할 수 있었는가? 공포에 대해 말하는 기괴한 논리의 교사 또는 예언자의 역할을 맡아야만 할 정도로 그만큼 충분히 그것을 알아맞힐 사람은 과연 누구인가?

어쩌면 이 과도기는 사람들이 기대하던 것과는 반대로 우리 자신에게 일종의 광명이요, 행복이요, 위안이요, 쾌활함이요, 고무요, 서광인지도 모른다. 사실 우리 철학자 및 '자유로운 정신'들은 '신은 죽었다'라는 소식을 듣고 하나의 새로운 서광이 비치는 듯한 느낌을 받았다.

이런 순간에 우리의 마음은 감사에 대한 감정과 또 다른 기대로 충만해진다. 즉, 수평선이 다시 우리 앞에 펼쳐진 것처럼 보인다. 물론 그것이 아직까지는 청명하진 않다. 그러나 이제 우리의 배는 다시 출발해도 좋으리라. 모든 위험을 향해 출발해도 좋으리라. 인식하는 사람에게 다시금 모든 모험이 허락되었으며, 바다는 우리 앞길에 열려 있다. 생각해보건대, 이렇게 앞이 확 트인 바다는 지금까지 결코 없었다.

신을 창조할 수 있는가?

FRIEDRICH WILHELM NIETZSCHE

그대들은 신을 창조할 수 있는가?
아니, 모든 신에 대해 가타부타하지 말지어다.
다만 그대들은 초인을 창조할 수 있을 뿐이다.

종교적 잔인함에는 크게 몇 단계가 있으며, 거기에는 여러 분기가 존재한다. 이 가운데 가장 중요한 단계는 바로 세 번째다. 일찍이 인간은 그의 신에게 인간을 바쳤다. 그것도 가장 사랑하는 인간을 말이다. 그다음 인간은 도덕적 시대에 신에게 자신이 가진 것 가운데 가장 강한 본능인 자연을 바쳤다. 금욕자나 열광적인 반자연주의자의 가혹한 눈초리에 의해 이 의식은 더욱 빛을 냈다.

그럼 제물로 바칠 것이 아직 남아 있는가? 인간은 마침내 미지의 조화나 행복 및 정의를 위해 모든 위안, 성스러움, 어리석음, 희망, 신앙을 희생시켰다. 신 자체도 희생시킨 자신의 잔인함에 인간은 돌멩

이, 우매, 중압감, 운명, 허무를 염원하게 되지는 않았는가?

허무를 향해 신을 제물로 삼는 이 최후의 잔인하면서도 역설적인 비밀 의식은 이제 다가올 세대를 위해 마련되었다. 우리 모두는 이미 그것을 조금씩은 알고 있다.

자기 귀를 의심한 늙은 법왕은 "내가 지금 무슨 소리를 들었는가!"라며 탄식했다. "오, 차라투스트라여! 그대는 이 같은 불신을 갖고서도 아직 스스로 생각하기보다는 경건하구나. 그대의 심중에는 어떤 신이 있어서 그대를 무신無神으로까지 개종시켰는가? 그대가 이제 하나의 신을 믿지 않게 된 것은 다름 아닌 그대의 경건함이 아닌가? 이리하여 그대의 거대한 성실은 그대를 선과 악의 피안으로 이끌 것이다."

신은 하나의 억측이다. 나는 그대들의 억측이 그대들의 창조 의지를 능가하지 않길 원한다.

그대들은 신을 창조할 수 있는가? 아니, 모든 신에 대해 가타부타하지 말지어다. 다만 그대들은 초인을 창조할 수 있을 뿐이다.

아마도 초인은 그대들 자신은 아닐 것이다. 형제들이여, 그대들은 초인의 어버이나 조상이 될 수는 있으리라. 이로써 그대들이 지상의 창조자가 되리니!

여기에서 나는 그대들에게 충심을 말하리라. 형제들이여, 만일 신이 존재한다면 내 어찌 신이 되지 않고 견딜 수 있겠는가! 그렇기 때문에 어떠한 신도 존재하지 않는 것이다. 이러한 의지는 나를 꼬여서 신들로부터 떠나게 했다. 만일 신들이 존재한다면 창조할 무엇이 또 남았겠는가? 이 과격한 나의 창조 의식은 항상 나를 휘몰아 인간에게 데려다 놓는다. 그리고 철퇴로 돌을 때리게 한다.

아, 인간들이여! 돌 속의 하나의 상像, 나의 많은 상 가운데 하나가 잠자고 있다. 아, 이 상이 단단하고 보기 흉한 돌 속에서 영원히 잠잘 수 없는 슬픔이여!

이제 철퇴는 이 상의 감옥 위를 심하게 내리친다. 돌에게 파편이 날아온다. 그러나 이것은 내게 아무런 상관도 없는 일이다.

나는 이것을 완성하련다. 나에게 어떤 그림자가 다가왔기 때문이다. 우주에 존재하는 모든 것 가운데 가장 조용하고 가장 경쾌한 것이 찾아왔기 때문이다. 즉, 초인의 아름다움이 그림자와 함께 나를 찾아온 것이다.

아아, 나의 형제들이여! 새삼스럽게 이제 신들이 내게 무슨 상관이 있단 말인가.

허무주의란 무엇인가?

FRIEDRICH WILHELM NIETZSCHE

허무주의란 무엇인가?
그것은 가장 상위에 있는 가치가 그 가치를 박탈당하는 것. 목표가 결핍되어 있다.
즉, '무엇 때문에?'에 대한 대답이 결여되어 있다.

내가 말하는 것은 다가오는 2세기의 역사다. 나는 앞으로 오게 될 것과 이제 다른 모습으로는 올 수 없는 것, 즉 허무주의의 도래를 묘사한다. 이 역사는 이제 이야기꺼리가 될 수 있다. 왜냐하면 이 역사는 필연성을 가지기 때문이다. 이 미래는 100가지 징후로 나타나며, 운명은 도처에서 자신을 알린다. 모든 귀들은 이미 미래의 이 음악에 귀를 기울이고 있다.

유럽의 전 문화는 오래전부터 벌써 10년 또는 10년 이상으로 성장해온 긴장의 고문으로 파국을 향해 움직이고 있다. 불안하게, 거칠게, 그리고 성급하게 말이다. 이는 마치 종말을 적극적으로 바라고, 더 이상 자신을 생각하지도 않으며, 자신을 돌이켜보는 데 두려움을 갖고 있는 강물과 흡사하다.

허무주의란 무엇인가? 그것은 가장 상위에 있는 가치가 그 가치를 박탈당하는 것. 목표가 결핍되어 있다. 즉, '무엇 때문에?'에 대한 대답이 결여되어 있다.

'무엇 때문에?'라는 허무주의의 질문은 지금까지의 관습에서 나온 것이며, 우리는 목표란 이 관습의 힘에 의해 외부로부터, 즉 어떤 초인적인 권위에 의해 세워지고, 주어지고, 요구된다고 생각했다. 이 권위에 대한 믿음이 잊힌 다음에도 무조건 관습에 따라서 말해야 했으며, 또 목표와 과제를 명령할 수 있는 다른 권위들을 찾았다.

인격적인 권위를 상실한 지금 그에 대한 대가로 이제 '양심'의 권위가 제 일선에 나섰다. 신학으로부터 해방되면 될수록 도덕은 더욱 더 명령적이 되거나 이성의 권위 또는 하나의 내재적인 정신을 가지고 있어서 자신의 목표를 내부에 지니고 있었다. 그리고 자신을 맡길 수 있는 의지, 목표의 의욕, 자기 자신에게 목표를 부여하는 모험을 회피하고 싶어했다. 사람은 책임을 전가하고 싶었던 것이다.

이에 따라 숙명론을 받들게 되리라. 마침내 어느 정도의 위선과 함께 최대 다수자의 행복이 나타나게 된다.

사람은 스스로를 다음과 같이 위로한다.

① 특정 목표는 전혀 필요하지 않다.

② 그것을 예견하는 일은 절대 불가능하다.

전체를 조직하는 의지의 힘에 대한 절대적인 불신!

자신이 허무주의자라는 사실을 알게 되는 용기는 뒤늦게 생긴다. 나 자신이 지금까지 철저하게 허무주의자였다는 사실을 나는 최근에야 비로소 인정했다. 나를 허무주의자로서 전진시켜준 에너지와 급진주의는 이 근본 사실에 대해 나를 기만하고 있다. 하나의 목표를 향해 전진하고 있을 때는 '무목적 자체'가 우리의 신앙의 원칙이라는 점이 불가능한 것처럼 여겨진다.

허무주의는 문 앞에 서 있다. 모든 방문객 가운데 가장 불쾌한 허무주의는 도대체 어디에서 오는 것일까? 허무주의의 원인을 '사회적 궁핍 상태'나 '생리적 변질 상태' 또는 '부패'라고 말하는 것은 오류다. 이것들은 모두 가장 의리 있고 동감할 수 있는 것들이기 때문이다.

궁핍 그 자체는 정신적이든, 육체적이든, 지적이든 가치·의미·소망의 철저한 거부인 허무주의를 결코 산출해낼 수 없다. 즉, 궁핍은 아직도 다른 여러 해석을 허락하는 것이다. 따라서 허무주의는 하나의 특정 해석 가운데 또는 그리스도교적·도덕적 해석 가운데에 숨어 있다.

자연의 등급과 순위의 자리에 인간의 대립과 계급의 서열을 끼워넣은 것에 대한 증오! 대립은 천민의 시대에 적합하다. 왜냐하면 쉽게 이해할 수 있기 때문이다. 인위적으로 세워진 '진실의 가치'로 가득 찬 세상에 직면한 극악의 세계!

그러나 마침내 어떠한 재료에 의해 '진실의 세계'가 세워졌는지 밝혀지며, 이제 극악의 세계만이 남게 된다. 최고의 환멸 또한 극악의 세계라는 계산서 안에 포함된다.

그리하여 허무주의가 나타난다. 올바른 가치는 남게 되지만, 그 외의 것들은 남아 있지 못한다. 여기에서 강자와 약자에게 다음과 같은 문제가 생긴다.

① 약자는 이것으로 파멸한다.

② 비교적 강한 자는 파멸되지 않은 것들을 파괴한다.

③ 가장 강한 자는 올바른 가치를 극복한다.

이것들이 합해져서 비극적인 시대를 만들어낸다.

신앙이란 무엇인가? 어떻게 해서 생겨난 것인가? 사람들은 모든 신앙이 진실하다고 생각한다.

허무주의의 극한적인 형식은 어떠한 신앙도 진실이라고 주장하는 바가 필연적으로 거짓이라는 통찰일 것이다. 왜냐하면, 진실의 세계는 절대 존재하지 않기 때문이다. 따라서 그것은 원근법적인 가상의 세계이며, 그 원천은 우리들 안에 있다. 우리가 좀 더 좁고, 제한되고, 단순화된 세계를 줄곧 필요로 하는 한에 있어서 말이다.

우리가 철저히 몰락하지 않은 채 이 가상성과 거짓의 필연성을 어디까지 승인할 것인지는 힘의 척도와 관계된다. 이런 한도 내에서 허무주의는 진실한 세계와 존재의 부인으로서의 신적인 사고방식일 수 있다.

'헛됨'이 현대 허무주의의 성격이라는 사실이 입증된 상태다. 우리들 이전의 가치 평가에 대한 불신은 '모든 가치는 희극을 잡아들이기 위한, 그러나 결코 대단원에 가까워질 수 없는 미끼가 아닌가?'라는 질문으로까지 상승하고 있다. '헛됨'을 수반하지만 목표나 목적이 없는 지속성은 사고력을 반신불수로 만들어버린다. 즉, 우롱당하고 있지만 우롱당하지 않게 할 힘이 없음을 알게 되었을 때는 말이다.

그렇다면 이 사상을 가장 무서운 형식으로 생각해보자. 의미와 목표는 없지만 그 무無 속으로의 종말을 맞이하지 않은 채 불가피하게 되돌아오는 생존, 즉 '영원회귀'야말로 허무주의의 극한적인 형식인 것이다. 즉, 무無가 영원히!

염세주의가 도래하는 원인은 다음과 같다.

① 삶의 가장 강력한, 미래에 가득 찬 충동이 이제까지 비방을 받아왔기에 삶이 자신을 저주하게 된다는 것.

② 점점 더 커지는 용기와 더욱 대담해지는 불신이 인간의 삶에서 분리될 수 없음을 알아차리고 삶을 향해 몸을 돌리는 것.

③ 갈등을 전혀 느끼지 않는 가장 평범한 사람들만이 번영하며, 상위 수준의 사람은 실패하고 자신은 변질될 것이라고 생각하는 것. 다른 한편으로 평범한 사람이 자기 자신이 목표이자 의미라고 말함으로써 상위 수준의 사람을 분개하게 만드는 것. 그리고 어느 누구도

'무엇 때문에?'에 대해서는 대답할 수 없는 것.

④ 축소화, 고통에 대한 인내, 불안, 초조, 잡담 등이 끝없이 커지는 것. 이 모든 경향은 이른바 문명의 현실화가 점점 더 쉬워지는 것을 의미한다. 결국 개인이 이 거대한 기구에 직면해 절망하고 굴복하고 마는 것.

염세주의란 반드시 몰락, 퇴폐, 실패작, 그리고 지치고 무력한 본능의 징후인가? 인도인이 그랬던 것처럼 우리 '근대인'과 유럽인도 그런 것이 아닌가? 경건함에서 오는 염세주의가 있지 않을까? 생존의 냉혹함, 전율, 사악함, 그리고 문제적인 것에 대한 지적 편애는 행복과 넘치는 건강미, 생존의 충만함에서 오는 것이 아닐까? 어쩌면 과잉 자체에 대한 괴로움이 있는 것은 아닐까? 두려워할 만한 것을 바라는 가장 날카로운 눈초리의 용감함은 적을 통해서 시험해볼 수 있지 않을까? 적을 통해서 두려움이라는 것이 무엇인지를 배우려는 용감함이 존재하는 것은 아닐까?

① 강세로서의 염세주의는 어디에서 볼 수 있는가? 논리의 에너지 안에서 무정부주의와 허무주의, 그리고 분석을 통해서.

② 몰락으로서의 염세주의는 어디에서 볼 수 있는가? 연약화와 세계 시민적인 느낌, 그리고 '모든 것을 이해함'이나 역사주의를 통해서.

사실, 어떤 위대한 성장도 거대한 파탄이나 과실을 필연적으로 수반한다. 고뇌 및 쇠퇴의 징후는 거대한 전진의 시대 속에 들어서 있다. 인류의 풍성하고 힘찬 운동은 모두 허무주의 운동과 동시에 만들어져왔다.

염세주의의 극한적 형식, 즉 본래적 허무주의가 나타난다는 것이야말로 사정에 따라서는 하나의 결정적인, 더 없이 본질적인 성장을 표현하는 새로운 생존 조건 속으로의 이행移行을 의미하는 징후일지도 모른다. 이 일을 내가 포착했다.

실로 인간의 자기 멸시는, 자기 멸시에의 의지는 코페르니쿠스 이후 부단히 증진되지 않았는가. 존재의 서열 가운데 인간의 품위, 독자성, 보상할 수 없는 것에 대한 신앙은 상실되어버렸다. 인간은 실로 비유가 아닌, 제한됨 없이 모두 동물이 되었다. 일찍이 스스로를 거의 신의 아들이자 '신인神人'으로 믿고 있었던 그 인간에 의해서 말이다.

코페르니쿠스 이래 인간은 어떤 낭떠러지에 떨어진 것 같다. 이제 인간은 더욱더 속력을 더하며 중심점에서 굴러떨어져가고 있다. 어디로? 허무 속으로? '뼈 속에서 스며드는 자기의 허무함 속으로?' 그렇다! 이것이야말로 곧장 달리는 길이 아닌가? 낡은 이상理想으로?

나는 육지를 떠나 배를 탔다. 우리의 퇴로를 끊었다. 그뿐만 아니라, 우리는 육지까지도 끊어버렸다. 작은 배야, 명심하라! 너의 주변에는 넓은 바다만이 있다. 바다는 늘 포효만 하는 것이 아니라 때로는 명주실처럼, 때로는 선의의 몽상처럼 가로놓여 있다. 하지만 그대는 바다가 무한하며, 이 무한함을 떠나 두려워할 게 하나도 없다는 사실을 깨달을 때가 올 것이다. 오, 내가 자유롭다고 느껴왔지만…….

좀 더 큰 자유가 존재했다는 듯 너를 엄습한다면 괴로운 일이다. '육지'는 벌써 없어졌노라. 이젠 무한함이라는 새장의 벽에 부딪히고 있는 가련한 새여!

4장

모든 것은 가고,
모든 것은 되돌아온다

시작의 글

방랑자여, 그대는 누구인가? 나는 본다. 그대가 어떠한 비웃음도 없이, 사랑도 없이 한결같은 눈빛으로 그대의 길을 가고 있는 모습을 말이다. 깊은 해저에 만족하지 못하고, 다시 물 위로 올라온 측심연測深鉛(바다의 깊이를 재는 데 쓰는 기구)처럼 젖은 모습으로 처량하게 걸어가고 있는 모습을 말이다. 그대는 그 속에서 무엇을 찾고 있었는가?

나는 본다. 탄식 없는 가슴을 안고, 구토를 감춘 입을 가지고, 뭔가를 잡으려는 손을 하고 천천히 걸어가고 있는 모습을 말이다.

그대는 누구인가? 그대는 무엇을 했는가? 이번 기회에 편히 쉬어

모든 것은 가고, 모든 것은 되돌아온다
•

시작의 글
•

라. 여기는 모든 사람을 맞이하는 곳이다. 쉬어라! 지금 그대에게 가장 좋은 것은 무엇인가? 그대의 휴식을 위해 무엇이 좋겠는가? 그저 말만 하라. 내가 가진 것이면 그대에게 무엇이든지 주리라.

쉬려면? 쉬려면? 오, 호기심이 많은 자여, 무슨 소리를 하는 것이냐! 내게 다오. 나는 원하노니! 무엇을? 무엇을? 그걸 말하라! "내가 바라는 것은 하나의 가면假面, 제2의 가면이다."

나와 너의 모습도 그렇게 변하리라!

FRIEDRICH WILHELM NIETZSCHE

우리는 도대체 어디로 날아가려 하는가?
그 어떤 쾌락보다 더욱 가치 있는 이 같은 욕정은 우리를 어디로 이끄는가?
무한한 항로 위에서의 난파는 우리의 운명이었노라고?

우리의 정신은 창공을 가르는, 아주 멀리 날아가는 대담한 새들이다.
그러나 이제는 다시 어디론가 멀리 날아갈 수 없으리라. 그래서 하잘
것없는 절망 같은 곳에 내려앉고 말리라. 그마저도 가련한 휴식처에
고마움을 품고서 말이다.

그렇지만 어느 누가 그들에게 앞으로는 자유로운 비행이 더 이상
없을 거라는 점을, 날아올 수 있을 만큼 날아왔다는 점을 결론적으로
알려줄 수 있겠는가! 우리의 모든 위대한 교사와 길잡이들도 결국 저
만치에서 우뚝 서 있다. 피로한 표정으로 서 있는 모습이 가련하고
추해 보인다. 나와 너의 모습도 그렇게 변하리라!

다른 새들이 그 앞을 먼저 치달려 날아가리라! 우리의 이러한 통찰과 믿음은 앞을 다투어 멀리, 드높이 날아간다. 그들은 우리의 머리와 무기력을 타고 넘어 하늘 높이 솟아올라서 먼 곳을 바라보리라. 우리는 우리보다 힘이 센 새떼를 바라보리라. 그리고 온통 바다인 그곳으로 날아가고 싶어하리라!

그렇다면 우리는 도대체 어디로 날아가려 하는가? 바다를 넘어가려고 하는가? 그 어떤 쾌락보다 더욱 가치 있는 이 같은 욕정은 우리를 어디로 이끄는가? 왜 우리는 지금 바로 그 방향으로, 이제까지 인류의 모든 태양이 내려앉은 그곳으로 날아가려고 하는가? 우리도 서쪽을 향해 노를 저으며 하나의 인도印度에 다다르길 바랐다. 그러나 무한한 항로 위에서의 난파는 우리의 운명이었노라고? 아니면? 나의 형제여, 그것이 아니면?

삶은 어떤 이론이나 논리 같은 논거論據가 아니다. 우리는 우리 자신이 살고 있는 세계를 우리 자신을 위해서 정비해왔다. 물체·선·면, 원인과 결과, 운동과 정지, 형태와 내용 따위를 상정함으로써 말이다.

이와 같은 신앙 없이는 어느 누구도 이 시대를 살아가기 힘들 것이다. 그렇다고 해서 이것이 명확히 증명된 바는 없다. 삶은 논거가 아니며, 삶의 조건 중에는 오류가 있을지도 모르는 일이다.

우리의 무지가 시작되는 곳, 이미 그 앞을 내다볼 수 없는 곳에 우리는 어떤 말, 예를 들어 '자아'나 '행한다', '입는다' 같은 말을 집어

넣는다. 이는 인식의 한계를 긋는 지평선이지 결코 '진리'는 아니다.

거울 자체를 고찰하려고 한다면, 우리는 결국 거울에 비친 사물 이외의 다른 어떤 것도 발견할 수 없다. 우리가 사물을 잡으려고 한다면, 우리는 결국 거울 이외의 어떤 것에도 도달할 수 없다. 이것이 바로 인식의 가장 일반적인 역사다.

우리는 의식적 사고의 대부분을, 심지어 철학적 사고까지도 본능적 활동에 포함시키지 않으면 안 된다. 우리는 유적이나 타고난 기품에 대해서 새롭게 배울 점이 있듯이, 이 점에 대해서도 새롭게 배워야만 한다.

한 철학자의 의식적 사고 대부분은 모르는 사이에 그의 본능에 의해 인도되며, 어떤 일정한 궤도를 따라가도록 강요받는다. 모든 논리, 의견, 자기 찬미의 배후에는 어떤 가치 평가가 존재한다. 정확히 말하면, 특정한 종류의 생명 보존을 위한 생리적 요구가 존재하는 것이다.

그릇된 판단을 한다는 것

FRIEDRICH WILHELM NIETZSCHE

판단은 '이러이러한 것은 이렇다'라고 하는 신앙이다.
진리란 무엇인가?
아마도 삶의 조건이 되어 있는 일종의 신앙이 아닐까?

어떤 하나의 판단이 오류라는 점이 그 판단에 대한 항의가 될 수는 없다. 물론 이 말이 무척 이상하게 들릴 수 있다. 문제는 그것이 어느 정도로 생명을 촉진하고 보존하며, 또한 종족을 보존하고 육성하는지에 달려 있다.

우리는 원칙적으로 다음과 같이 주장하길 원한다. "실험적 종합 판단도 포함하는 가장 그릇된 판단은 우리에게 필수 불가결한 것이다." 라고 말이다.

인간은 논리적 허구를 용인하지 않은 채, 또한 절대자와 자기 동일 자라는 순수한 공상적 세계를 기준으로 해서 현실을 규정하지 않은 채, 그리고 수를 통해 세계를 위조하지 않은 채 살아갈 수는 없다. 그릇된 판단을 한다는 것은 삶 자체를 단념하고 부정하는 것이다. 그리고 비현실을 삶의 조건으로 인정하는 것은 일상화된 가치 감정에 위험한 반항을 하는 것과 같다. 이런 일을 감히 하는 철학은 피안의 세계에 이미 서 있는 것이다.

판단은 '이러이러한 것은 이렇다'라고 하는 신앙이다. 그러므로 판단 속에는 '동일한 경우'에 봉착한 적이 있다는 고백이 내포되어 있으며, 판단은 기억의 도움에 의한 비교를 전제로 한다. 따라서 동일한 경우가 현존하는 것처럼 보이도록 꾸미는 것은 결코 판단이 아니다. 오히려 판단은 이러한 경우를 지각이라고 믿으며, 동일한 경우가 있다는 전제하에서 이들은 서로 영위된다.

그렇다면 그 자체로는 대등하지 않지만 대등하게 만드는, 옛날부터 작용했음에 틀림없는 이 기능은 무엇이라고 부를까? 그리고 이러한 제1의 기능에 기인해 운위의 작용을 하는 제2의 기능은 무엇이라고 부를까? '대등한 감각을 야기하는 것은 대등하다!' 하지만 감각을 대등하게 하고, 대등하다고 '간주하는 것은' 무엇이라고 불러야 하나?

먼저 모든 감각의 내부에서 일종의 동등화 작용이 일어나지 않는다면 어떠한 감각도 없을지 모른다. 왜냐하면 기억은 이미 습관화되고 체험화된 것을 부단히 강조해야만 형성되기 때문이다.

판단이 내려지기 전에 동화의 과정이 이미 완료되어 있지 않으면 안 된다. 즉, 상태의 결과로 고통이 따르는 것처럼, 여기에서도 의식 속에 들어와야 어떤 지적 활동이 인지되는 것이다. 모든 유기적 기능에는 어떤 내적 생기가 그로 인해 동화하고 배설하며 성장하는 작용이 포함되어 있을 것이다.

본질적인 것은 육체에서 출발해 그것을 길잡이로 이용한다는 점이다. 육체는 관찰을 좀 더 명료하게 해주기 때문에 훨씬 중요한 부분이다. 육체에 대한 믿음은 정신에 대한 믿음보다 오히려 굳건히 확립되어 있다.

"어떤 사상이 어느 정도 굳게 믿어진다고 해도 그 속에는 진리의 표지가 없다." 그렇다면 진리란 무엇인가? 아마도 삶의 조건이 되어 있는 일종의 신앙이 아닐까? 그렇다고 한다면 강건함이 일종의 표지이긴 하리라. 인과성因果性 같은 경우에는 말이다.

도대체 인간의 진리란 무엇일까?

FRIEDRICH WILHELM NIETZSCHE

오늘날에는 어느 누구도 치명적인 진리로 인해 죽지는 않는다.
너무나도 많은 해독제가 있기 때문이다.

내가 지금까지 이해하면서 살아온 철학은 얼음과 높은 산맥에서 자발적으로 하는 생활이다. 존재 속에서 온갖 낯선 것과 미심쩍은 것을 찾아내는 일이고, 도덕으로 인해 추방된 모든 것을 찾아내는 일이다. 금지된 구역에서의 산책을 통해 나는, 그것들을 도덕화시키고 이상화시킨 원인들을 나의 기대와 다르게 보는 방법을 배웠다.

외부에 알려지지 않은 철학자들의 뒷이야기가, 철학자들의 위대한 명성이 함께한 심리학이 내 앞에 백일하에 드러났다. 즉, "하나의 정신이 얼마나 많은 진실에 견딜 수 있을까? 감히 얼마나 많은 진리를 말할 수 있을까?"라는 문제가 나에게는 점점 더 가치의 기준이 된 것이다.

진리란 그것이 없으면 특정종特定種의 생물이 살아갈 수 없을는지도 모르는 그런 종류의 오류다. 결국은 삶에 있어서의 가치가 결정적이다.

'진眞'과 '비진非眞' 사이를 고정시키는 작용, 철학의 본질 속에 있는 창조적인 정립의 작용은, 형성하고 형태화하고 정복한 뒤 일정한 목표를 향해 의지가 적극적으로 작용하는 일과는 근본적으로 다르다. 하나의 의미를 주입시킨다는 과제는 어떠한 의미도 주입되지 않았을 경우 여전히 남아 있게 된다. 이는 음양뿐 아니라 민족의 운명에 있어서도 마찬가지다. 즉, 민족의 운명은 갖가지 목표를 위해 비할 데 없는 갖가지 해석이나 방향을 잡을 수 있는 것이다.

자그마한 진리! 그대들은 모든 사실을 알고는 있지만, 결코 그것을 다 체험하지는 못했다. 나는 그대들의 증언을 받아들이지 않는다. '자그마한 진리!'가 그대들에겐 작게 보이지만, 이는 그대들이 그것에게 자신의 피를 지불하지 않았기 때문이다! 그러나 너무 비싼 대가를 치렀다고 해서 그 진리들이 위대하단 말인가?

피는 늘 너무 비싸다! "그대는 믿는가? 혹시 그대는 피를 아끼는가?" 우리는 진리가 가면을 벗어던진 뒤에도 여전히 진리로 남으리라고는 믿지 않는다. 우리는 오랫동안 그렇게 믿고 살아왔다. 오늘날 사람들은 모든 것을 있는 그대로 보지 않고, 그 어떤 것에도 참여하지 않으며, 모든 것을 이해하거나 '알려고' 하지 않는 것이 하나의 예의라고 생각하고 있다.

어떤 한 어린 소녀가 엄마에게 "사랑하는 신은 어디에든 계신다는 말이 사실인가요?"라고 물었다. 그러자 엄마는 "그것은 예의에 벗어난 질문이라고 생각하는데."라고 대답했다. 이는 철학자들에게 얼마나 대단한 암시인가!

사람들은 수수께끼와 여러 가지 불확실성 뒤에 스스로를 잠복시켰을 때의 수치심을 좀 더 존중했어야 한다. 그렇다면 진리란 '이유를 보이지 않게 한 이유를 가진 여인'이란 말인가?

도대체 인간의 진리란 무엇일까? 그것은 논박이 불가능한 오류다.

오늘날에는 어느 누구도 치명적인 진리로 인해 죽지는 않는다. 너무나도 많은 해독제가 있기 때문이다.

나의 사고방식에 따르면, '진리'는 반드시 오류의 반대를 뜻하는 것은 아니다. 오히려 가장 원칙적인 의미에서 많은 오류 사이의 상호 위치 관계를 나타내는 것에 지나지 않는다. 예를 들어, 어떤 오류는 다른 오류들보다 한층 더 오래되고 깊으며, 나아가서는 우리 같은 유기체가 그것 없이는 살아갈 수 없어서 결코 끊을 수 없다는 점을 드러낸다.

또 다른 오류는 이 오류처럼 삶의 조건으로서 우리를 압제하지 못한다. 오히려 '압제자'로 간주되면 제거되거나 논박당할 수밖에 없다.

그렇다면 논박하기 어려운 하나의 상정想定은 이미 '참'이어야 하는가? 이러한 명제가 어쩌면 스스로의 한계를 사물의 한계로 책정하는 논리학자들을 격분시킬지도 모른다. 그러나 이러한 논리학의 낙척주의자들에게 나는 이미 오랫동안 선전 포고를 해왔다.

여러 가지 눈이 있다. 스핑크스 또한 눈을 가졌다. 따라서 여러 가지 '진리'가 있으며, 또한 아무런 진리도 없다.

어떤 종류의 인간이 반성하는가?

FRIEDRICH WILHELM NIETZSCHE

오류가 인간을 종교나 예술 같은 꽃을 피울 만큼 심각한,
정답고 부드러운, 상상력이 풍부한 존재로 만들었다.

인간은 '진리'를 추구하고 바란다. 즉 자기 모순이 아닌, 기만하지
않는, 과거에 지나가지 않은 세계를, 고뇌가 없는 참된 세계를 말이
다. 모순·기만·전쟁·변란이 고뇌의 원인이라니! 인간은 마땅히 있
어야 할 세계를 의심치 않고 이 세상에 이르는 길을 찾아 헤맨다.
인도적 입장에서 비판하면, '자아'조차도 가상이며 비실재로 취급
한다.

　그렇다면 인간은 실재성의 개념을 어디서 얻었는가? 왜 인간은 정
녕 고뇌를 전쟁·변란·기만·모순에서 도출하는가? 무엇 때문에 인
간의 행복에서 도출하지 않는가? 옮겨가는, 변해가는 모든 것에 대한

경멸·증오·항상恒常(언제나 변함없음)이 좋다고 하는 가치평가는 도대체 어디에서 유래했는가?

감각기관은 기만을 일삼고, 이성은 오류를 정정한다. 따라서 인간은 이성이야말로 언제나 변함없는 것, 즉 항상을 지향하는 길이라고 추론했다. 가장 비감성적인 이념이 '참된 세계'에 가장 근접해 있음에 틀림없다. 감각기관에서 대부분의 불운이 유래한다. 즉, 감각기관은 기만자·현혹자·절멸자다.

행복은 존재하는 것에서만 보장된다. 전쟁 및 변란과 행복은 서로 배척의 관계다. 따라서 최고의 염원은 존재하는 것과의 일체화를 지향한다. 이것이 최고의 행복에 이르는 길을 나타내는 정석인 것이다. 다시 말해 있어야 할 세계는 현존하며, 우리가 살고 있는 세계는 오류다. 따라서 우리의 세계는 현존해서는 안 된다는 결론이 나온다.

존재하는 것에 수반되던 신앙은 하나의 귀결에 지나지 않는다는 점이 입증되었다. 즉, 최초의 움직임은 생성하는 것에 대한 불신, 모든 생성의 경시인 것이다.

어떤 종류의 인간이 반성하는가? 바로 비생산적인 인간, 고뇌를 지닌 인간, 삶에 피로를 느낀 인간이다. 우리가 반대 유형의 인간을 상기해보면 이러한 인간이 존재한다는 것을 믿을 필요조차 없음에 틀림없다. 그뿐만 아니라, 그들은 죽음과 권태로움을 어떻게 취급해도 괜찮은 것으로 간주하고 경멸할 것임에 틀림없다.

'진리의 감각'은 '거짓말을 하지 말라'는 도덕성이 빠져 있다면, 다른 법정에서 그 합법성을 인정받지 않을 수 없다. 즉 인간 보존의 수단으로써, 권력 의지로써 말이다.

미美에 대한 우리의 의지도 마찬가지다. 즉, 이것 또한 형성하는 의지다. 두 개의 감각은 서로 돕고 있으며, 현실적인 것에 대한 감각은 사물을 우리의 기호에 맞춰 형성하기 위해 권력을 손에 넣는 수단이다.

형성 또는 재형성하는 데에서 느끼게 되는 쾌감은 하나의 근본적인 쾌감이다! 우리는 우리 스스로가 이룩한 세계만을 파악할 수 있다.

오류가 인간을 종교나 예술 같은 꽃을 피울 만큼 심각한, 정답고 부드러운, 상상력이 풍부한 존재로 만들었다. 순수한 인식만 있었다면 이런 일들은 벌어지지 않았을 것이다. 세계의 본질을 폭로하는 자는 우리 모두에게 비할 데 없이 불쾌한 환멸을 안겨줄 것이다.

나쁜 길로 이끌리지 않도록

FRIEDRICH WILHELM NIETZSCHE

크나큰 열정은 신념을 필요로 하고 신념을 이용한다.
그러나 절대 신념에 굴복하지는 않는다.
자신이 주권자라는 사실을 알기 때문이다.

사람들은 번영을 이루기 위해 얼마나 많은 신앙을 필요로 하는가?
또한 사람들은 신앙에 스스로 의지하고 있는 만큼 동요되지 않는 '확
고한 것들'을 얼마나 많이 필요로 하는가? 따라서 신앙은 바로 사람
의 힘, 좀 더 엄밀히 말해서 사람의 허약함을 재는 척도다.

신앙은 늘 의지가 결여되어 있는 곳에서 가장 많이 열망되며, 가장
급하게 요구된다. 왜냐하면 의지는 명령의 정열이자 자주와 힘의 결
정적인 징표이기 때문이다. 다시 말해 사람은 명령할 줄 모르면 모를
수록 그만큼 더 간절히 강하게 명령하는 자, 즉 신·군주·지주·의사
등을 갈망하게 된다. 이런 점에서, 불교와 그리스도교라는 대표적인

두 종교의 성립 근거 및 급속하게 전파된 원인을 기괴한 의지의 발병에서 찾을 수 있을지도 모를 일이다.

사람은 자신이 명령을 받아야만 한다는 근본 신념에 도달한 순간 '신자'가 된다. 반대로 사람은 자기 결정의 환희와 힘, 즉 의지의 자유를 생각할 수도 있다. 이 의지의 자유를 접한 순간 사람의 정신은 모든 신앙이 가지는 확실성에 대한 소망에 이별을 고한다. 가는 밧줄에 자신을 지탱할 줄 알게 되며, 절벽 위에서도 춤을 출 수 있게 된다. 이러한 것이 바로 자유로운 정신이다.

나쁜 길로 이끌리지 않도록 유의하라. 위대한 정신의 소유자란 회의주의자를 뜻한다. 차라투스트라 역시 회의주의자다. 정신의 힘과 남아도는 정신의 힘에서 나오는 자유는 회의에 의해 증명된다.

확고한 신념을 가진 사람은 가치와 무가치에 관한 모든 원리적인 것을 절대로 문제시하지 않는다. 확고한 신념이란 일종이 감옥이다. 그것은 충분히 먼 곳도 자신의 아래도 보지 못하게 한다. 그러나 가치와 무가치에 대해 어떠한 견해를 펼치기 위해서는 500개의 확고한 신념으로 자신의 아래를 내려다볼 줄 알아야 한다. 그리고 자신의 배후까지도 보지 않으면 안 된다.

위대함을 바라고 그것을 위한 수단까지도 바라는 정신은 필연적으로 회의주의자의 것이다. 모든 종류의 신념에서 우러나오는 자유는, 즉 자유롭게 볼 수 있는 자유는 강한 것에 속한다.

회의주의자의 존재 근거와 존재의 힘인 크나큰 열정은 회의주의자 자신보다도 훨씬 계몽되고 전제적인 것으로, 회의주의자의 모든 지성을 봉사자로 활용한다. 이 열정은 무척 확고해서 성스럽지 않은 수단을 사용하는 용기까지 그에게 부여한다. 사정에 따라서는 매우 자주 그에게 신념을 갖도록 허락한다.

수단으로서의 신념, 즉 신념을 수단으로 이용해 여러 가지를 달성할 수도 있다. 크나큰 열정은 신념을 필요로 하고 신념을 이용한다. 그러나 절대 신념에 굴복하지는 않는다. 자신이 주권자라는 사실을 알기 때문이다.

나쁜 길로 이끌리지 않도록

·

세계는 무한한 해석이 가능하다

FRIEDRICH WILHELM NIETZSCHE

세계는 다르게도 해석될 수 있으며, 무수한 의미를 가지고 있다.
세계를 해석하는 것은 우리의 요구이며 충동이다.

칸트는 "오성 伍性(사람의 다섯 가지 성정으로 기쁨, 노여움, 욕심, 두려움, 근심 등)은 그 법칙을 자연에 대해서 규정한다."라고 말했다. 이는 자연의 개념에 대한 완전한 진리다. 우리는 이 개념을 자연과 결합하도록 강요당하고 있다(자연=표상으로서의, 즉 오류로서의 세계). 그러나 이 개념은 오성의 일관된 오류의 축적인 것이다.

현재 우리가 세계라고 부르는 것은 유기체의 발전 전반에 걸쳐 성립되고 유착되고 축적된 지난날의 모든 제보로, 우리에게 상속되는 한 움큼의 오류나 공상의 결과다. 제보라고 말한 이유는 우리 인간의 가치가 그것에서 기인하기 때문이다.

현상에 입각해 '있는 것은 오직 사실뿐'이라고 주장하는 실증주의에 반대해서 나는 "아니, 사실은 결코 존재하지 않으며, 있는 것은 오로지 해석뿐이다."라고 말할 것이다. 우리는 어떠한 사실 자체도 확인할 수 없다. 이런 것을 바라는 것 자체가 아마도 사리에 어긋나는 일일 것이다.

그대들은 "모든 것은 주관적이다."라고 말한다. 그러나 이것이 이미 해석이다. 주관은 절대 주어진 것이 아니며 무엇인가 허구적으로 가미된 것이다. 배후에 아직도 해석자를 세워야 하는가? 그것은 이미 허구이자 가설이다.

'인식'이라는 말이 의미를 갖는 한, 세계는 인식될 수 있다. 그러나 세계는 다르게도 해석될 수 있으며, 그것은 자신의 배후에 어떠한 의미도 갖고 있지 않는 반면, 오히려 무수한 의미를 가지고 있다(원근법주의).

세계를 해석하는 것은 우리의 요구다. 우리의 충동이다. 어떤 충동은 일종의 지배욕이고, 어느 것이나 원근법을 가졌으며, 이 스스로의 원근법을 규범으로 해서 모든 충동을 강압하고자 한다.

사실이란 존재하지 않는다. 모든 것이 유동적이고 포착하기 어려우며 도망쳐 간다. 가장 지속적인 것은 역시 우리의 사견私見이다.

세계는 무한한 해석이 가능하다. 그러나 모든 해석이 생장生長(나서 자람)의 징후냐, 몰락의 징후냐에 한정되어 있다.

일원론은 타성의 욕구이며 해석의 다양성이야말로 힘의 징후다. 따라서 세계의 불안함이나 수수께끼 같은 성격을 부인해서는 안 된다.

존재의 원근법적 특성이 어느 정도까지 이르는가? 그것은 전혀 다른 어떤 특성, 즉 해명할 수 없는 존재인 '무의미'가 되고 마는가? 다른 한편으로는, 모든 존재는 본질적으로 하나의 해명하는 존재가 아닌가?

당연한 말이지만 아무리 열심히, 고통스럽게, 양심적으로 분석하거나 자기 음미를 한다고 해도 이성과 지혜는 확정될 수 없다. 왜냐하면 이와 같은 분석을 통해 인간의 이지理智는 자기 자신을 조망적 형식에 밀어 넣으며, 그 형식 안에서만 자기 자신을 보기 때문이다. 우리는 우리의 모퉁이를 둘러볼 수 없는 것이다.

세계는 다시 한 번 우리에게 '무한한 것'이 되고 말았다. 세계가 무한한 해석을 내포하고 있다는 가능성을 우리는 부정할 수 없기 때문이다. 또다시 커다란 공포가 우리를 사로잡는다. 그러나 어느 누가 알려지지 않은 세계의 이 괴물을 옛날 모양으로 다시 신격화하길 원하겠는가? 어느 누가 미지의 것을 '미지의 인물'로서 숭배하길 원하겠는가?

오, 미지의 것 속에는 너무나 비신격적인 해석 가능성이, 그리고 너무나 악마적이고 우매한 많은 해석이 포함되어 있다. 우리가 알고 있는 우리 자신의 인간적인, 너무나 인간적인 자신이 말이다.

진정한 세계와 가상의 세계

FRIEDRICH WILHELM NIETZSCHE

이 세계의 이해하기 쉬운 점, 유용성, 아름다움은
우리의 감각이 멈추면 곧 사라지기 시작한다.

시각·촉각·청각이 포착하는 원근법적 세계는 훨씬 정교하고 치밀한
감각 기관이 포착하는 세계와 비교하는 것만으로도 거짓임을 알 수
있다. 그러나 이 세계의 이해하기 쉬운 점, 유용성, 아름다움은 우리
의 감각이 멈추면 곧 사라지기 시작한다. 마찬가지로 미美도 사건의
경과를 성찰한 순간에는 사라지고 만다. 목적의 질서가 이미 하나의
환상인 것이다.

　다시 말해, 피상적으로 조잡하게 개괄하면 할수록 세계는 점점 가
치 있는, 확정적인, 아름다운, 유의의有意義한 것으로 보인다. 깊이 파
고들어 통찰하면 할수록 우리의 가치 평가는 점점 소멸한다. 우리가

가치를 갖는 세계를 이룩한 것이다! 이것을 인정하면서 우리는 진리에 대한 외경이 어떤 환상의 결과라는 점을 진리 못지않게 단순화해 형태를 갖추게 하고, 갈망하고 바라는 힘이야말로 높이 평가하지 않으면 안 된다는 점을 인정한다.

"모든 것은 허위다! 모든 것은 허용되어 있다!"

'진정한 세계'가 어떠한 형태로 지금까지 구상되어왔다고 해도, 그것은 늘 변함없이 가상假象의 세계였다.

① 현자·독신가·유덕자로서 도달할 수 있는 참된 세계. 그들은 참된 세계에 살고 있으며, 그들이 바로 세계 자체다(이 이념의 가장 낡은 형식은 비교적 총명하고 단순하며 설득적이다. '나 플라톤은 진리다'라는 명제를 고쳐 쓴 것).

② 아직 도달되지 못했지만 현자·독신가·유덕자, 그리고 회개하는 죄인에게는 약속되어 있는 참된 세계(이 이념의 진보는 좀 더 포착하기 어렵다. 그것은 여성이 된다. 그것은 그리스도교적으로 된다).

③ 도달할 수 없고, 증명할 수 없으며, 약속할 수는 없지만 생각만으로 이미 하나의 위안이자 의무이며 명령인 참된 세계(실제로는 낡은 태양이지만 안개와 회의를 통해서 볼 수 있다. 이 이념은 숭고하고, 창백하게, 그리고 '쾨니히스베르크'식으로 되어 있다).

④ 참된 세계에 도달할 수는 없는가? 어찌됐든 지금으로서는 도달하지 못하고 있다. 그리고 아직 도달하지 못해 알려지지 않았다. 따라

서 위안적이고 구원적이며 구속적인 것이 아니다. 알려지지 않은 것이 어찌 우리를 구속할 수 있겠는가(동이 트는 아침. 이성의 최초의 하품. 실증주의의 계명).

⑤ '참된 세계'는 이제 아무런 소용이 없으며, 벌써 아무런 구속도 주지 않는 하나의 이념이다. 소용없게 된 이념, 그래서 반박당한 이념을 이제는 제거하자(명랑한 오전. 아침식사. 양식과 쾌활로의 복귀. 플라톤의 무안한 표정. 모든 자유정신의 악마적인 소동).

⑥ 우리는 참된 세계를 제거했다. 그렇다면 어떤 세계가 남았는가? 가상의 세계인가? 그러나 아니다. 참된 세계와 더불어 우리는 가상의 세계도 제거했던 것이다(대낮. 그림자가 가장 짧은 순간. 가장 오랜 오류의 결말. 인류의 정점. 차라투스트라의 시작).

무엇이 우리를 모질게 가르칠 것인가?

FRIEDRICH WILHELM NIETZSCHE

어느 누구도 자신이 생존하고 있다는 것, 이러이러한 성질을 지니고 있다는 것,
이러이러한 사정 아래에 있으며, 이러이러한 환경 속에 있다는 사실에
책임을 지지 않고 있다.

그대들은 지금 나에게 "철학자에게 볼 수 있는 모든 특질은 무엇인
가?"라고 묻는가? 그것은 역사적 감각의 결핍, 생성 관념 자체에 대
한 증오, 이집트주의다. 예를 들어, '영원한 모습 아래'에서 어떤 사물
을 역사로부터 떼어낸 뒤 미라라고 할 경우, 사람들은 이 사물에 영
광스러운 명예를 첨부하는 것이라고 생각한다. 이와 마찬가지로 철
학자가 수천 년 동안 취급해온 것은 모조리 개념의 미라였다.

철학자들의 손에서 산 채로 나온 현실적인 것은 단 하나도 없었다.
숭배할 때 그들은 죽였다. 그리고 박제를 만들었다. 이러한 개념의 우
상 숭배자들은 어떤 것을 숭배할 때 모든 것의 생명을 위태롭게 만들

기까지 한다. 죽음·무상無常·노령은 생식이나 생각처럼 그들에게는 나쁜 증거이며, 부정 否定이기도 하다. 존재하는 것은 생성하지 않는다. 생성하는 것은 존재하지 않는다.

그래서 그들은 모두 절망적 상태에 이르기까지 존재자를 믿는다. 그러나 그들의 손에 그것이 붙잡히지 않기 때문에 그들은 왜 그것이 자신들에게 주어지지 않는가라는 문제를 탐구한다. "우리가 존재하는 것을 지각할 수 없다는 점은 하나의 가상假象이며, 하나의 기만임에 틀림없다. 어디에 기만자가 숨어 있는 것일까?" 그들은 "자, 우리가 그를 붙잡았다."라고 기쁨에 차서 외친다.

그것은 감각이다! 다른 경우에 있어서도 그처럼 부도덕한 감각이 진실한 세계와 관련해 우리를 기만하고 있는 것이다. 도덕이란 감각의 기만에서, 생성에서, 역사에서, 허위에서 벗어나는 것을 말한다. 역사란 감각을 믿는 모든 것에, 인류 전체에 부정을 말하는 데 불과하다. 그것은 모두 '민중'에 속해 있다!

우리로 하여금 철학자, 미라가 되게 하고 무덤을 파는 흉내에 의해 단조 신론單調神論을 연출케 하라! 그리고 특히 육체를, 이 비참한 감각의 고정관념을 보도록 하라! 현실적으로 있는 듯 행세하는 것이 무척 뻔뻔스럽지만, 모든 논리의 오류에 집착되어 비난당하고 도저히 있을 수 없는 존재인 육체를 말이다!

우리가 이러이러하다고 생각하는 것들에 대해 책임을 가지는 누군가(신 또는 자연)를 마음속에 정하고 의도된 우리의 삶, 행복, 비참함을 그 누군가에게 강요하게 되면 우리 존재가 가지는 생성의 맑고 깨끗함이 아주 망가지고 만다.

무엇이 우리를 모질게 가르칠 것인가? 신도, 사회도, 부모나 조상도, 자기 자신도 인간에게 그러한 특질을 주지는 않는다. 어느 누구도 자신이 생존하고 있다는 것, 이러이러한 성질을 지니고 있다는 것, 이러이러한 사정 아래에 있으며, 이러이러한 환경 속에 있다는 사실에 책임을 지지 않고 있다. 하지만 자기 본질의 숙명이 과거에도 존재했고 미래에도 존재할 모든 숙명에서 벗어날 수는 없다.

우리는 어떤 의도, 의지, 목적의 결과가 아니라 단순히 우리 몸으로써 '인간의 이상', '행복의 이상', '도덕성의 이상' 등을 달성하려고 시도하는 것은 아니다. 자신의 본질을 어떤 목적에 전입시키려는 일은 그야말로 부조리하다. '목적'이라는 개념을 날조한 것은 우리들이며, 현실에는 목적이 없다.

인간은 필연적이고 하나의 숙명이며, 전체에 소속된 채 그 안에서 존재한다. 우리의 존재를 심판하고 측정하고 비교하고 단죄할 수 있는 것은 아무것도 없다. 왜냐하면 그것은 전체를 심판하고 측정하고 비교하고 단죄하는 것과 다름없기 때문이다. 그러나 전체 이외에는 아무것도 없다!

어느 누구도 이제는 책임지지 않는다는 것, 존재의 양식은 제1원인으로 환원되어서는 안 된다는 것, 세세한 감각 중추로서든 '정신'으로서든 하나의 통일이 아니라는 것이야말로 커다란 해방이다. 이것으로 인해 비로소 생성의 결백성이 재건되었다.

'신'은 지금까지 생존에 대한 완벽한 반대 개념이었다. 우리는 신을 인정하지 않는다. 우리는 신에 있어서 책임성을 인정하지 않는다. 이러한 의미에서 우리는 비로소 세계를 구원하는 것이다.

수없이 반복해서 살아야 한다면?

FRIEDRICH WILHELM NIETZSCHE

그대가 살고 있고, 또 지금까지 살아온 삶을 다시 한 번,
그리고 수없이 반복해서 살아야 한다면?
새로운 것이 전혀 없으며 모든 고통, 환락, 사상, 탄식이 되풀이되는…….

조용히! 조용히! 이제 세계는 완성되지 않았는가? 그럼 도대체 무슨 일이 일어났단 말인가? 눈에는 보이지 않는 순풍이 바다 위에서 가벼운 털처럼 사뿐히 내 위에서 춤추노라. 이로써 내 눈은 감기지 않는다. 잠은 나의 영혼으로 하여금 눈뜨게 한다. 실로 가볍게! 털처럼 사뿐히! 잠은!

잠은 나를 달랜다. 내 마음속에서 아리따운 손으로 쓰다듬고 토닥거리며 잠들라고 달랜다. "영혼은 편히 쉬어라."라고 말하면서…….

신기한 나의 영혼이여! 늘어지게 뻗은 그대여! 이 정오에 나의 영혼에게 7일째의 밤이 찾아들었단 말인가? 나의 영혼은 좋은 것과 성

숙한 것과의 사이를 무척 오랫동안 방황하지 않았던가?

오, 행복이여! 행복이여! 그대는 노래를 부르려는가, 나의 영혼이여! 그대는 풀 위에 누워 있다. 지금이야말로 한없이 조용하고 엄숙한 시간이다. 피리를 부는 목동조차도 보이지 않는다.

무슨 일이 일어났단 말인가? 들어라! 때가 지나가버렸던 말인가? 나는 굴러떨어졌는가? 들어라! 나는 영원의 샘 속으로 굴러떨어진 것인가?

무슨 일이 일어났단 말인가? 조용히! 나를 찌르는 것이 있다. 아, 이 가슴을! 이 가슴을! 오, 메어져라! 메어져라, 나의 가슴이여! 이와 같은 행복을 받고, 이처럼 찔린 후에는 어떻게? 이제 세계는 완성된 것이 아닌가? 둥글게 완숙한 것이 아닌가? 오, 황금으로 이루어진 둥글게 생긴 고리여, 이제 어디로 날아가려는가? 나는 그 뒤를 좇으리라! 아, 풀 사이에 흔들리는 소리! 조용히!

나를 버리고 가라! 조용히! 이제 세계는 완성되지 않았는가? 오, 황금으로 이루어진 둥글게 생긴 고리여!

어느 날 또는 어느 날 밤 그대가 가장 적적한 고독에 잠겨 있을 때 한 악마가 그대 뒤로 살며시 다가와 그대에게 다음과 같이 말한다면 어떻겠는가?

"그대가 살고 있고, 또 지금까지 살아온 삶을 그대는 다시 한 번, 그리고 수없이 반복해서 살아야 한다. 그 삶에는 새로운 것이 전혀 없으며 오히려 모든 고통, 환락, 사상, 탄식, 그리고 일일이 열거하기 어려운 그대 삶의 크고 작은 것들이 다시 되풀이되리라. 그것도 같은 순서대로 말이다. 또한 이 거미와 나무들 사이로 비치는 달빛, 이 순간의 나도 마찬가지로 되풀이될 것이다. 영겁의 모래시계는 언제까지나 회전할 것이다. 그와 더불어 쓸모없고 하찮은 너도 회전할 것이다."

그대는 땅에 엎드려 이를 악문 채 그 악마를 저주하지 않겠는가? 아니면 그대는 악마에게 "너도 신이로다. 그리고 나는 아직 한 번도 좀 더 신적인 것을 듣지 못했노라!"라고 대답할 그런 기괴한 순간을 체험한 적이 있는가?

이러한 상념이 그대를 지배한다면 상념은 현재의 그대를 변화시키고, 아마도 그대를 분쇄해버릴 것이다. 그리고 "그대는 이것을 다시 한 번 또 수없이 몇 번이고 원하느냐?"라는 질문은 가장 무거운 부담으로서 그대의 행위 위에 가로놓일 것이다!

나의 꿈 이야기를 듣고 해몽을 해주길 바란다. 이 꿈은 나에게는 하나의 수수께끼와 같다. 그 꿈의 의미는 숨겨져 있고 갇혀 있다. 나는 아직도 그 꿈에서 헤어날 수가 없다.

꿈에 나는 모든 생명을 거부했다. 그리고 적막한 죽음의 성에서 밤과 무덤을 지키고 있었다. 즉, 산 위에서 죽음의 관을 수호하고 있었던 것이다. 어두운 납골당에는 승리의 영혼이 한가득 안치되어 있었다. 유리 관 속에서는 극복된 생명이 나를 바라보고 있었다.

나는 많은 열쇠 가운데 가장 녹슨 것을 가지고 있었다. 나는 이 열쇠로 가장 삐걱거리는 문을 열 수 있었다. 내가 문을 열었을 때 삐걱거리는 소리는 성난 새 소리처럼 긴 복도에 울려 퍼졌다. 이 새는 다급한 목소리로 외쳤다. 잠을 깨운 것에 화가 난 것이다.

누군가 연달아 세 번 세게 문을 두드렸다. 그 소리는 천정에 울려 메아리쳤다. 나는 문 쪽으로 갔다. 알파! 나의 재를 삽으로 옮기는 자가 누구인가? 알파! 알파! 나의 재를 산으로 옮기는 자가 누구란 말인가!

나는 열쇠를 끼우고 힘껏 문을 열었다. 그러나 문은 꼼짝도 하지 않았다. 이때 별안간 일진 강풍이 일더니 문이 부서질 듯이 쾅 하고 열렸다. 피리 소리처럼, 몸이 으스러지는 것처럼, 산을 에이는 것처럼, 강풍은 하나의 시커먼 관을 내 앞으로 밀어 던졌다.

요란한 흔들림과 비명 속에 관이 쪼개지고 그 속에서 천 가지의 얼굴이 튀어나왔다. 어린아이, 천사, 부엉이, 바보, 어린아이만 한 나비 등 천 가지 얼굴이 나를 향해 웃고 조롱하고 화내고 있었다. 소름이 끼친 나머지 나는 땅에 넘어지고 말았다. 그리고 공포에 질려 외마디 소리를 질렀다. 나는 그 외마디 소리에 눈을 떴다. 그리고 정신을 차렸다.

나는 아직까지 이 꿈의 의미를 모르겠다.

일어날 일은 반드시 한 번은 일어난다

FRIEDRICH WILHELM NIETZSCHE

나는 꿈을 꾸고 있다고 생각했다. 모든 것이 나를 괴롭혔다.
나는 깊은 가책으로 인해 궁핍해진 병자.
또는 낮잠을 자다가 악몽을 꾸고 눈을 뜬 병자와도 같았다.

지난날, 나는 시체가 쌓인 어둠침침한 곳을 걸어갔다. 창연하고 준엄하게 입술을 깨문 채 걸었다. 이때 나에게서 떨어진 것은 나의 태양만은 아니다. 저 아래쪽 골짜기로 끌어내리려는 영혼에 항거하면서 나는 걸었다. 이 영혼은 나의 악마이자 원수인 중압감의 신령이었다. 이 영혼은 위로 올라가려는 나의 등 위에 앉아 있었다.

그는 반은 꼽추이고 반은 용이며 절름발이인데, 나 역시 절름발이로 만들려고 했다. 내 등에 앉아 있으면서 귀로는 납을, 뇌로는 납덩이같은 사상을 집어넣었다.

이 영혼은 경멸하듯이 "오, 차라투스트라!"라고 한마디 한마디를

속삭였다. "지혜의 돌이여! 그대는 스스로를 높이 던졌다. 그러나 위로 던져진 모든 돌은 떨어져야 한다!"

얼마 동안 꼽추는 입을 다물었다. 침묵이 나를 괴롭혔다. 이처럼 둘이 있다는 것은 혼자 있는 것보다 더욱 외로운 일이다.

나는 모르고 또 몰랐다. 나는 꿈을 꾸고 있다고 생각했다. 모든 것이 나를 괴롭혔다. 나는 깊은 가책으로 인해 궁핍해진 병자, 또는 낮잠을 자다가 악몽을 꾸고 눈을 뜬 병자와도 같았다. 다만 나의 내부에는 내가 용기라고 부르는 것이 있었다. 이것이 지금까지 나의 약한 마음을 억압해왔던 것이다. 드디어 이 용기는 나에게 정지하라고 명령하면서 "꼽추여, 그대인가? 아니면 나 자신인가?"라고 말을 시켰다.

실로 공격적인 용기야말로 다시없는 살육자다. 왜냐하면 모든 공격에는 악기의 울림이 있기 때문이다. 그것은 죽음조차도 죽여버린다. 이것이 바로 그가 "이것이 인생인가? 그럼, 다시 한 번!"이라고 말하는 까닭이기도 하다.

"멈춰라, 꼽추여! 나인가? 아니면 그대인가? 확언컨대, 우리 둘 가운데 더 강한 자는 바로 나다. 그대는 나의 깊은 사상을 모른다. 그대는 이것을 견뎌내지 못한다!"

나의 말이 끝나자마자 등이 가벼워진 듯한 느낌이었다. 꼽추가 내 등에서 뛰어내린 것이다. 그는 내 앞의 돌 위에 웅크리고 앉았다. 우리가 발길을 멈춘 곳은 어느 성문 앞이었다.

나는 계속해서 "꼽추여, 이 성문을 보라! 이 성문에는 두 가지 얼굴이 있다."라고 말했다. 여기에서는 두 개의 길이 서로 합쳐져 있었다. 더욱이 이 길을 확인한 자가 한 명도 없었다. 이 긴 길의 뒤는 영원으로 통했다. 그리고 이 긴 길의 앞은 또 다른 영원으로 통하리라! 이 길들은 서로 모순되면서도 서로 머리를 맞대고 있었다. 그리고 이 성문이 맞댄 지점인 것이다. 성문의 이름은 '순간'이었다!

여기 한 사람이 있어, 두 길 가운데 한 길을 간다고 해보자. 점점 앞으로 더욱더 멀리 간다고 할 때, 그대는 믿는가? 이 두 길이 영원히 모순된다는 사실을?

보라, 이 순간을! 이 순간 성문에서 한 가닥 긴 줄이 뻗어 나와 있지 않은가! 우리의 배후에는 이 길이 영원히 가로놓여 있는 것이다.

달릴 수 있는 것은 무엇이든지 한 번은 이 길을 달렸을 것이 아닌가? 일어날 수 있는 모든 것은 무엇이든지 반드시 한 번은 일어나고, 이미 지나갔을 것이 아닌가? 만일 모든 것이 한 번씩 있었다면, 그대 꼽추는 이 순간을 어떻게 생각하겠는가? 이 성문도 역시 이미 한 번은 있었던 것이 아닌가?

모든 사물은 이처럼 친밀하게 연결되어 있는 것이 아닌가? 즉, 이 순간이 장차 닥쳐올 모든 사물을 이끌고 오는 것이 아닌가? 나 자신까지도 끌고 오는 것이 아닌가? 왜냐하면 달릴 수 있는 모든 것은 이 길고 긴 길을 달려가야 하기 때문이다.

이리하여 이 달빛 속에 꾸물거리는 거미와 달빛, 그리고 정문 안에 앉아서 영원한 사물에 대해 속삭이는 그대와 나는 모두 이미 한 번 있었던 것이 아니겠는가?

그래서 다시금 되돌아와 다른 길로 달려간다. 앞으로! 저 무서운 길고 긴 길을 달려가는 것이다. 이 길만이 우리로 하여금 영원히 되돌아올 수 없게 하지 않겠는가?

나는 점점 더 목소리를 낮춰서 말했다. 나는 나 자신의 사상과 예상을 두려워했기 때문이다. 이때 갑자기 내 주위에서 개 짖는 소리가 들려왔다. 순간 나는 '개가 이렇게 짖는 소리를 들어본 적이 있나?'라는 생각이 들었다. 그렇다! 들은 적이 있다. 어렸을 때, 아주 어렸을 때 말이다.

갑자기 꼽추가 보이지 않았다. 성문도 없어졌다. 거미도, 모든 속삭임도 사라졌다. 이것들은 모두 어디로 사라졌을까? 나는 꿈을 꾸었던 것일까? 아니면 정말 깨어 있었던 것일까? 나는 돌연히 험준한 절벽 옆에 서 있었다. 홀로 황폐한 달빛을 받으며 서 있었다.

거기에는 한 사람의 인간이 누워 있었다. 보라! 개는 날뛰면서 털을 곤두세운 채 짖고 있지 않은가! 개는 내가 다가오는 것을 보고 울부짖었다. 나는 개가 이토록 짖는 모습을 한 번도 본 적이 없었다. 더욱이 나는 이 순간 같은 광경을 결코 본 적이 없었다.

그곳에 누워 있던 사람은 젊은 목인牧人(목장에서 소·말·양 따위를 돌보며 키우는 사람)이었다. 얼굴은 뒤틀리고 신음하면서 온몸을 떨며 자신의 목을 누르고 있었다. 그리고 입에는 한 마리의 시커먼 뱀이 묵직하게 늘어져 있었다.

나는 지금까지 인간의 얼굴에서 이와 같은 혐오와 창백한 공포를 본 적이 없었다. 그는 입을 벌리고 잠들어 있었던가? 뱀은 그의 목구멍 깊숙이 파고들어 목통을 힘껏 물고 늘어진 것이다.

나는 그 뱀을 잡고 힘껏 당겼다. 그러나 헛일이었다. 아무리 힘껏 잡아당겨도 뱀은 목덜미에서 떨어지지 않았다. 이때 나는 어떤 생각이 문득 떠올라 "깨물어라! 깨물어라! 그 뱀의 아가리를 깨물어라! 깨물어라!"라고 힘차게 외쳤다. 내 마음속의 소리가 이렇게 외쳤던 것이다. 나의 공포, 증오, 구토, 연민, 선과 악이 목소리를 합쳐서 이렇게 외쳤던 것이다.

목에 뱀이 기어 들어간 목인은 도대체 누구인가? 목인은 내 외침에 따라 뱀을 깨물었다. 단숨에 깨물었다. 그리고 그는 뱀의 머리를 멀리 내뱉었으며, 다시 힘차게 일어설 수 있게 되었다.

그는 이제 목인도, 인간도 아니었다. 광명에 둘러싸여 크게 웃는 자였다. 나는 이 지상에서 그처럼 크게 웃는 사람을 본 적이 없다. 오, 형제들이여! 나는 인간의 웃음이 아닌 웃음을 들었노라. 이제야 갈망이 내 몸을 잡았다. 마침내 웃음에 대한 동경이 내 몸을 엄습했다. 아, 어떻게 하면 나는 더 살아갈 수 있을 것인가? 어떻게 하면, 나는 죽음을 견뎌낼 수 있을 것인가?

모든 것은 가고, 모든 것은 되돌아온다

FRIEDRICH WILHELM NIETZSCHE

모든 것은 죽고, 모든 것은 다시금 꽃피노라.
모든 것은 깨어지고 새롭게 이어진다. 모든 것은 이별하고, 다시 재회한다.
존재의 둥근 고리는 영원히 스스로에게 충실하다.

모든 것은 가고, 모든 것은 되돌아온다. 존재의 수레바퀴는 영원히 회전한다. 모든 것은 죽고, 모든 것은 다시금 꽃피노라. 존재의 시간과 역사는 영원히 흘러가노라.

모든 것은 깨어지고 새롭게 이어진다. 존재가 같은 집은 영원히 스스로를 건립한다. 모든 것은 이별하고, 다시 재회한다. 존재의 둥근 고리는 영원히 스스로에게 충실하다.

존재는 모든 찰나에서 시작된다. 모든 '여기'를 둘러서 '저기'의 공은 회전한다. 중앙은 도처에 있다. 영원의 길은 구분되어 있다.

나의 비애는 "인간은 영원히 회귀한다. 그대가 권태를 느끼는 작은 인간 역시 영원히 회귀한다."라고 말한 뒤 하품하면서 발을 끌고 가서는 다시 잠들지 못했다. 나에게 있어서 인간의 대지는 동굴로 변했다. 그 가슴은 움푹 패었다. 살기 위해 사는 자는 인간의 곰팡이가 되고, 뼈가 되고, 부패한 과거가 되어버렸다. 나의 탄식은 모든 인간의 무덤에 앉아 이젠 일어날 수 없었다. 나의 탄식과 의문은 밤낮없이 두꺼비처럼 울고, 목이 메어라 호소했다.

"아, 인간은 영원히 회귀한다. 작은 인간 역시 영원히 회귀한다!"

일찍이 나는 최대의 인간과 최소의 인간을 모두 적나라하게 보았다. 두 인간 모두 무척이나 닮아 있었다. 최대의 인간도 아직은 너무나 인간적이었다. 즉, 최대의 인간도 너무 작았다. 이것이 인간에 대한 나의 분노였다. 또한 최소의 인간도 영원히 회귀한다. 이것이 모든 존재에 대한 나의 분노였던 것이다.

아, 구토嘔吐, 구토, 구토!

하나! 오, 인간이여 명심하라!

둘! 깊은 한밤중은 무엇을 말하는가?

셋! 나는 잠자노라. 나는 잠자노라.

넷! 깊은 꿈에서 나는 깨어났노라.

다섯! 세계는 넓도다.

여섯! 대낮이 생각한 것보다 깊도다.

일곱! 그 고통은 깊도다.

여덟! 쾌락은 마음의 괴로움보다 깊도다.

아홉! 고통은 "떠나라!"라고 말한다.

열! 그러나 모든 쾌락은 영원을 바란다.

열하나! 깊고 깊은 영원을 바란다.

운명과 필연

FRIEDRICH WILHELM NIETZSCHE

'이러이러했어야 하는데 그렇지 못했다'라든지,
'이렇게 되어야 했을 텐데'라고 하는 후회는
어느 한쪽에 포함되어 있는 사물의 총체적인 발걸음을 단죄하는 일이다.

나는 인간의 위대성이 운명에 있다고 본다. 즉, 지금과 다르기를 조금
도 바라지 않는, 앞으로도 안 그렇고, 영원히 그러지 않는 것이다. 필
연을 단순히 견뎌내는 것도, 숨겨버리는 것도 아니다. 모든 이상주의
란 필연적인 것에 대한 거짓말이지만, 그 필연을 사랑하는 것이다.

　나는 늘 필연적인 것을 아름답게 보는 법을 배우려고 한다. 그럼 나
는 사물을 아름답게 하는 사람 가운데 한 명이 될 것이다. 이제부터
는 운명에 대한 사랑을 사람으로 삼으려고 한다. 나는 추악한 것에
대해서는 결코 어떠한 전투도 시작하지 않을 것이다. 나는 결코 고발
하지 않을 것이며, 고발자를 고발하지도 않을 것이다. 외면하는 것이

나의 유일한 거부이리라! 그리고 언젠가는 늘 긍정만 하는 사람이 되리라!

앓고 있다는 것은 일종의 원한 감정 그 자체다. 이것에 대한 치료법은 단 한 가지인데, 나는 그것을 러시아적 숙명론이라고 부른다. 진군으로 너무 지친 러시아의 한 군인이 눈 속에 그냥 드러눕는, 저 반항 없는 숙명론 말이다. 전혀 더 이상 아무것도 받지 않는 것, 받아들이지 않는 것, 자기 내부에 받아 넣지 않는 것, 전혀 더 이상 반응을 보이지 않는 것이 바로 치료법이다.

죽음에 대한 용기를 의미하는 것만은 아닌 이 숙명론의 이성은 일종의 겨울잠에 대한 의지다. 이 논리에서 몇 발자국 더 나아가면, 수주일 동안 한 무덤에서 잠을 자는 회교回敎의 탁발승을 보게 된다.

나에게도 '러시아적 숙명론'이 필요할 때가 있다. 거의 참을 수 없는 상황, 장소, 사교적인 글 등이 우연을 통해 한 번 주어지면 나는 그것을 몇 년이고 끈질기게 고수한다. 그렇게 하는 것이 그것들을 변경하기보다, 변경할 수 있다고 느끼기보다, 그것들에게 반응하기보다 더 나은 방법이다.

그 당시 나는 숙명론에 잠겨 있는 나를 방해하고 억지로 일깨워 주는 일이 무척이나 나쁘다고 생각했다. 실제로도 그것은 늘 죽도록 위험했다. 자기 자신을 숙명으로 생각하는 일, 자기 자신을 '달리' 바라지 않는 일이야말로 위대한 이성 그 자체인 것이다.

극히 소수의 사람들에게만 알려진 사실이지만, 원망이라는 측면에서 '이러이러했어야 하는데 그렇지 못했다'라든지, '이렇게 되어야 했을 텐데'라고 하는 후회는 어느 한쪽에 포함되어 있는 사물의 총체적인 발걸음을 단죄하는 일이다. 왜냐하면 사물의 움직임 중에는 고립된 것이 하나도 없기 때문이다. 최소한의 존재조차도 전체를 짊어지고, 그대의 사소한 부정도 미래의 모순과 관계가 있으며, 최소의 것을 다루는 어떠한 비판도 전체를 단죄하는 결과가 되기 때문이다.

나의 의지여, 재앙이 겹친 모든 불운의 전환점이 되는 시기여, 나의 필연이여! 나를 모든 작은 승리로부터 지켜라!

영혼의 섭리여, 나는 그대를 운명이라 부르노라! 나의 중심에 있는 것이여, 나보다 위에 있는 자여! 단 하나의 위대한 운명을 위해 나를 지키고 아껴라!

나의 의지여! 그대의 위대함을 최후를 위해 아껴라! 그리고 작은 승리에 도취하지 말라! 아, 어느 누가 작은 승리에 의해 패배했던가! 아, 어느 눈동자가 이 도취의 어둠으로 인해 흐려졌던가! 아, 어느 누구의 발이 승리에 비틀거리고 마침내 일어서기를 잊었던가!

어느 날엔가 내가 충분히 원숙하기를! 위대한 정오에 눈부시게 불타는 청동처럼, 천광을 품은 암운처럼, 부풀은 젖가슴처럼 충분히 원숙하기를! 나 스스로에 대해, 또 깊이 숨은 내 의지에 대해 충분히 원숙하기를! 마치 화살을 그리워하는 활처럼, 별을 그리워하는 화살처럼. 나의 의지여, 재앙이 겹친 모든 불운의 전환점이 되는 시기여, 나의 필연이여! 나를 모든 작은 승리로부터 지켜라!

5장

자신을 사랑할 줄
알아야 한다

시작의 글

FRIEDRICH WILHELM NIETZSCHE

가끔 나는 포괄적으로 말해서, 지금까지의 철학은 육체의 해석 및 육체의 오해에 불과한 것은 아니었나 자문해왔다.

나는 늘 기대한다. 특수한 의미에서의 철학적 의사, 즉 민족이나 종족이나 인류의 총체적 건강 문제를 다루어야 할 철학적 의사들이 언젠가 한 번은 나의 의문을 철저히 규명하리라는 점을 말이다. 그리고 모든 철학에서 지금까지 문제된 것은 결코 '진리'가 아니라 건강, 미래, 성장, 권력, 삶 등이었을 뿐이라는 점을 감히 주장할 수 있는 용기를 가지길 바란다.

정신은 육체의 도구에 불과하다

FRIEDRICH WILHELM NIETZSCHE

육체는 하나의 위대한 이성理性이다.
육체에 대한 믿음이야말로 정신에 대한 믿음보다 더 강한 신앙이다.
정신은 육체의 도구에 불과하다.

육체에 대한 믿음은 영혼에 대한 믿음보다 한층 더 기본적이다. 즉, 후자는 고찰하는 데에서 발생하는 것이다. 그 고찰은 육체를 무시하는 어떤 것, 즉 꿈의 진리에 부합해 보는 신앙이다.

육체를 길잡이로 해서 '영혼'이 철학자들이 버릴 수 없을 정도로 매력 있는, 비밀로 가득한 사상이었다면 배우는 일 자체는 한층 더 매력 있는 비밀의 베일에 싸여 있으리라. 인간의 육체는 모든 유기적 생성에서부터 오늘날까지의 모든 과거로 인해 또 다시 생명을 얻고 싱싱해지며 과거를 넘어서서 하나의 거대한 미문未聞의 흐름을 가진다. 이러한 육체야말로 오히려 '영혼'보다 놀라운 사상이다.

어느 시대에서든 정신 또는 '영혼', 아니면 현대의 전문 용어로 영혼 대신 사용되는 '주관'을 믿는 일보다 우리의 가장 근원적인 소유물, 가장 확실한 존재, 다시 말해 우리의 자아로서의 육체를 믿는 편이 옳았다. 즉, 육체에 대한 믿음이야말로 정신에 대한 믿음보다 더 강한 신앙이다. 따라서 이러한 육체의 신앙을 뒤집어엎으려는 자는 결국 정신의 권위에 다가서는 신앙조차도 근본적으로 뒤집어엎는 것이다.

육체는 하나의 위대한 이성理性이다. 하나의 뜻을 갖는 또 하나의 복수다. 하나의 전쟁이며 평화이고, 한 무리의 양이며, 한 사람의 양치기다.

형제들이여! 그대는 그대의 비천하고 보잘것없는 이성을 '정신'이라고 부르지만, 사실 정신은 육체의 도구에 불과하다. 즉, 이성은 사소한 도구이자 장난감에 불과하다.

그대는 '자아'를 자랑으로 삼지만, 그대가 믿지 못한다고 해도 자아보다 큰 것은 그대의 육체다. 육체는 자아를 자랑하지 않는다. 그러나 자아를 행한다. 감각기관의 작용으로 인해 정신이 인식하는 것 자체에는 어떠한 목적도 들어 있지 않다. 그럼에도 감각기관의 작용과 정신은 모두 사물의 목적이 포함되어 있다며 그대를 설득하려고 한다. 이처럼 이 둘은 교만하다.

감각기관의 작용과 정신은 도구이며 장난감에 불과하다. 그들의 배후에는 여전히 본디 그대로의 모습, 즉 본연이 가로놓여 있다. 본연은 관능의 눈을 빌려 찾기도 하고, 정신의 귀를 빌어 듣기도 한다. 또한 본연은 늘 듣고, 찾는다. 그리고 본연은 비교하고 강제하며, 정복하고 파괴한다. 이리하여 자아의 지배자가 된다.

그대의 사상과 감정의 배후에는 하나의 강력한 지배자, 알 수 없는 현자賢者가 있다. 이것이 바로 본연이다! 그대의 육체 속에는 본연이 살고 있다. 그러므로 그대의 육체야말로 본연인 것이다!

두 사람을 가장 심하게 갈라놓는 것은 순결에 대한 감수성과 정도의 차이다. 모든 정직과 상호간의 유익이 무슨 소용인가? 서로에 대한 호의가 무슨 보람을 가지는가? 결국 "서로의 체취가 못 견디게 싫어진다"는 결과가 나오고 마는 것이다.

오래전부터 내려오는 순결의 본능은 그것으로 고민하는 인간을 기묘하고도 위험한 고독으로 몰아넣는다. 이 사람은 성자인 것이다. 그에게 순결은 성스러움 자체이며 본능의 최고 정신이다. 목욕의 기쁨에 말할 수 없는 충실을 언급하는 것, 그리고 영혼을 끊임없이 밤에서 아침으로, 암흑 및 '음울'에서 빛·광휘·깊이·미美로 몰아가는 욕정과 갈망이 뚜렷하면 뚜렷할수록 사람 사이는 멀어지게 된다. 만일 성자가 동정을 갖는다면, 그 동정은 인간적인 너무나도 인간적인 것이 가진 불결함에 대한 동정이다. 그리고 그 동정은 높고 고귀하지만, 그에게는 고독과 불결함으로 느껴지는 동정 그 자체가 있는 것이다.

자신을 사랑할 줄 알아야 한다

FRIEDRICH WILHELM NIETZSCHE

건전한 사랑으로서 자기 자신을 사랑하라!
이는 곧 자기 자신에 만족하고 그 이외의 것으로 뛰쳐나가기 위해서다.
나는 그 이외의 것을 '이웃에 대한 사랑'이라고 부른다.

모든 위대한 철학은 전체적으로 늘 "이것이야말로 모든 삶의 화상畵像이다."라고 이른다. 그러면서 그대의 삶의 의미를 철학에서 터득하라고 말한다. 이는 바꾸어 말하면 "그대의 삶만을 읽어내라. 그리고 거기서 보편적 삶의 상형문자를 이해하라."가 된다.

인생을 짊어지는 일은 정말 힘들다. 하지만 연약한 말과 행동은 삼가라! 우리 모두는 무거운 짐을 짊어지고도 견딜 수 있는 사랑스러운 당나귀가 아닌가?

우리는 한 방울의 이슬이 떨어졌다고 무섭게 떨고 있는 장미 봉오리와 뭔가 닮은 점이 있지 않을까?

우리가 인생을 사랑하는 이유는 삶에 길들여졌기 때문은 아니다. 오히려 사랑하는 데 길들여졌기 때문이다. 사랑 속에는 늘 광란이 있다. 그러나 광란 속에는 늘 이성理性이 있다. 경쾌하고 순진하고 우아한, 그리고 생생한 작은 영혼이 솟아오르는 모습을 볼 때 차라투스트라는 마음이 움직여 노래를 입에 담고 눈물까지 흘린다. 나는 다만 뛰고 춤출 줄 아는 신만을 믿게 될 것이다.

인간적인 삶 전체는 깊은 비非진리 속에 잠겨 있다. 따라서 한 사람이 이러한 삶을 심연으로부터 구출해내려고 하면, 반드시 자신의 과거에 혐오감을 느끼게 되며, 현재 자신의 동기가 무의미한 것처럼 보여서 미래나 미래의 행복에 조소나 모멸을 퍼붓지 않을 수 없다. 그렇다면 정말로 개인적인 결론으로는 절망을, 이론적인 결론으로는 파괴의 철학을 수반한다는 생각만 남게 될 것인가?

인간은 자신을 사랑할 줄 알아야 한다. 그래서 나는 사람들에게 건전한 사랑으로서 자기 자신을 사랑하라고 가르친다. 이는 곧 자기 자신에 만족하고 그 이외의 것으로 뛰쳐나가기 위해서다. 나는 그 이외의 것을 '이웃에 대한 사랑'이라고 부른다. 그 후 많은 기만과 위선이 이 말을 기반으로 이루어졌다. 더욱이 세계를 중압하는 자에게 있어서는 더욱 그랬다.

진실로 자신을 사랑하는 일은 오늘과 내일을 위한 계율이 결코 아니다. 그것은 오히려 모든 기술 가운데 가장 정밀하고 교묘하며, 인내를 필요로 하는 최후의 기술이다.

자신을 사랑할 줄 알아야 한다
*

모든 물건은 그 소유자가 제일 깊이 간직하고 있다. 수많은 보물이 들어 있는 동굴 속에서 자신의 보물은 늘 제일 늦게 발굴된다. 중압의 영혼이 그렇게 만드는 것이다.

인간을 발견하기란 어렵다. 정신은 때때로 영혼에게 거짓말을 한다. 이것 역시 중압의 영혼이 하는 일이다. 이쯤에서 "이것이야말로 나의 선이며, 나의 악이다."라고 말하는 사람은 자신을 발견한 것이다.

사람은 자신에게 스스로 시련을 주지 않으면 안 된다. 그가 독립과 명령의 운명을 지닌 사람이기 위해서는 절대 때가 늦어서는 안 된다. 그리고 자신의 시련을 회피해서도 안 된다. 그것이 가장 위험한 유희라고 해도 말이다. 게다가 시련은 우리 자신만이 유일한 증인이다.

절대 한 사람에게만 매달려서는 안 된다. 가장 사랑하는 사람일지라도 말이다. 조국에 집착해서도 안 된다. 동정에 매어 있어서도 안 된다. 한 가지 학문에 얽매어 있어도 안 된다. 자기 자신의 탈피에 집착해서도 안 된다. 우리 자신의 미덕에 사로잡혀서도 안 된다.

사람은 스스로를 보전할 줄 알아야 한다. 이것이 독립에 있어서 가장 어려운 시련이다.

일상의 병

FRIEDRICH WILHELM NIETZSCHE

대부분의 사람은 자신이 일상에서의 일, 사업, 사교라는 병에 걸려 있으며,
이것들로 인해 자신에 대한 사고와 배려를
완전히 상실하고 있다는 사실을 잊고 산다.

가해, 폭력, 착취를 상호 견제하는 것, 자신의 의지를 상대의 의지와
같은 선상에 놓는 것은 조건만 구비되어 있다면, 즉 개인의 역량과
가치 기준이 비슷하고 그들이 한 단체에 속해 있다면 소박한 의미에
서 개인 간의 미풍양속이 될 수도 있다. 하지만 이러한 원칙을 확충
시켜 사회의 근본 원칙으로 내세우려고 한다면, 이는 당장에 그 정체
를 폭로해버린 꼴이 된다. 즉, 그것은 생명 부정에 대한 의지이자 해
체 및 퇴폐의 원칙임에 틀림없다. 비록 개인적으로는 자신의 내부에
서 서로를 평등하게 대한다고 해도, 다른 단체에 대해서는 자신의 내
부에서는 감히 하지 못할 일들을 하고 있다. 그 단체가 살아 있는 한

이 일은 불가피하다. 그런 단체는 권력에 대한 의지를 육체화하는 것이다.

단체는 성장하려 하고, 주위를 붙들려 하며, 끌어올리려 하고, 압도하려고 한다. 그렇다고 이런 일을 하는 이유가 단체가 부도덕하기 때문은 아니다. 단지 살아 있기 때문이다. 즉, 생명 자체가 권력에 대한 의지이기 때문이다.

이른바 '착취'는 이미 부패한, 또는 불완전한 원시적인 사회에나 존재한다. 즉, 착취는 유기적인 근본 기능으로서 생물의 본디 성격에 해당하므로, 권력에 대한 의지가 빚어낸 결과라 할 수 있다. 물론 이 말이 이론적으로는 혁신적일 수 있다. 그러나 현실적으로는 모든 역사에서 근본 사실이다.

긍지와 침착성을 가지고 살아가라. 언제나 초연하라. 자신의 감정을, 자신의 찬의와 반의를 마음껏 지니고 또 버려라. 얼마쯤은 밑에까지도 내려가라. 마치 말을 타듯 때로는 나귀를 타듯 감정과 찬의, 반의를 제어하라. 그리고 그것들의 불꽃과 우둔함도 이용할 줄 알아라.

우리의 눈을, 더구나 우리의 깊은 마음을 아무에게도 보여서는 안될 경우도 있으므로 300명의 전경과 검은 안경을 가지고 있어라. 그리고 예의라 불리는 무엄하고도 쾌활한 악덕과 가끔 동행하라. 늘 용기, 통찰, 공감, 고독 등의 네 가지 덕을 소유하고 있어라. 특히 고독은 우리에게 있어서 순결의 높은 충동에 의해 생기는 하나의 덕이므

일상의 병
•

로 반드시 소유하라. 순결에 대한 갈망은 알고 있다. 인간과 인간의 접촉, 즉 사교에 있어서 불결함이 얼마나 피하기 어려운 일인지를 말이다. 모든 공동생활은 늘 어디에서나 어떻게 해서든지 인간을 '비천'하게 만든다.

생리학자는 자기 보존 욕구를 생물의 근본 충동이라고 생각한다. 생물이란 먼저 자신의 힘을 발휘하고 싶어한다. 생명 자체가 힘에 대한 의지인 것이다. 따라서 자기 보존은 자주 나타나는 간접적 결과 가운데 하나에 불과하다.

대부분의 사람은 자신이 일상에서의 일, 사업, 사교라는 병에 걸려 있으며, 이것들로 인해 자신에 대한 사고와 배려를 완전히 상실하고 있다는 사실을 잊고 산다. 따라서 병에 걸려 누운 사람은 이러한 사실과 지혜를 질병이 그에게 강요하는 한가함 및 심심함에서 터득하게 된다.

질병의 회복이 한 걸음 더 나아가면 자유정신은 또다시 삶에 접근한다. 삶을 거역하는 것처럼, 의심하는 것처럼 그의 신변은 천천히 온기를 되찾고, 이른바 누른빛을 띠게 되며, 갖가지 해빙풍이 머리 위를 스쳐 지나간다. 그는 이제야 비로소 자신의 신변을 돌볼 수 있는 눈이 뜨였다고 생각한다. 그러면서 조용히 앉아 '도대체 어디에 있었던 것일까?'라고 고민한다. '이렇게 부드러운 털의 매력을 요사이 손에 넣었단 말인가?'

그는 감사하며 돌이켜본다. 자신의 방랑에 대해, 자신의 완고함과 자기 소외에 대해, 자신의 아득한 희망과 차가운 높은 창공으로 날아 가는 새의 비상에 대해서 말이다.

새로운 자, 무명자, 이해가 곤란한 자, 미래의 조산아인 우리는 하 나의 새로운 목적을 위해서 하나의 새로운 수단을 필요로 한다. 즉, 지금까지의 모든 건강보다도 더 강한, 영리한, 잔인한, 대담한, 쾌활 한 하나의 새로운 건강을 요구하는 것이다. 왜냐하면 사람들은 건강 을 언제나 다시 희생하고 희생하지 않으면 안 되기 때문이다.

모든 사람은 자기 자신에 대해 가장 먼 존재

FRIEDRICH WILHELM NIETZSCHE

우리는 일찍이 우리 자신을 탐구해본 적이 없다.
우리는 자신에게 있어서 필연적으로 완벽한 타인인 것이다.
그래서 우리는 우리 자신을 혼동하지 않을 수 없다.

나는 방랑자다. 등산가다. 나는 평지를 사랑하지 않는다. 또 오래 있을 수도 없다. 나는 앞으로 어떠한 운명이나 체험을 겪을지라도 그 속에는 늘 방랑이 있고 등반이 있다. 인간은 자기 자신을 체험하는 존재에 지나지 않는다.

우연히 나를 찾아와 만날 수 있는 때는 지났다. 이제 나 자신이 아닌 어떤 것이 나에게 올 수 있으리오! 단지 되돌아왔을 뿐이다. 즉, 나의 자아와 나의 자아에서 떠나 오랫동안 타향에 있었던 것, 그리고 나의 자아로서 모든 사물과 우연 사이에 흩어져 있던 것이 마침내 나에게 되돌아왔을 뿐이다.

우리 자신이 우리 자신에게 아직 알려지지 않은 채 남아 있다. 이는 그럴 법한 일이다. 우리는 일찍이 우리 자신을 탐구해본 적이 없다. 우리는 자신에게 있어서 필연적으로 완벽한 타인인 것이다. 그래서 우리는 우리 자신을 혼동하지 않을 수 없다.

"모든 사람은 자기 자신에 대해 가장 먼 존재이다."라는 격언은 영원한 타당성을 지닌다. 즉, 우리는 우리 자신에 대해서 결코 '인식자'가 아닌 것이다.

나는 '인류를 대신해 다음에 등장할 생물은 무엇일까?' 같은 문제 따위에는 관심이 없다. 문제는 오히려 인간 전형의 어떤 고차적인 가치가 생존에 더 적합하게, 미래에는 더 확실한 것으로 육성되고 적극적으로 욕망되는가 하는 부분이다.

사실 이러한 고차적인 가치를 지닌 인간 전형이 몇 번이나 세상에 현존했었다. 그러나 그것은 요행이자 우연이었을 뿐 한 번도 적극적으로 욕망되지는 않았다. 오히려 이 인간 전형은 가장 큰 두려움의 대상이었으며 오늘날까지도 공포 자체로 여겨지고 있다. 그리고 이 공포로 인해서 반대의 전형이 적극적으로 욕망되고 육성되었으며 달성되었다. 여기서 말하는 반대의 전형이란 바로 가축, 군거동물, 인간이라는 병든 동물과 그리스도교인 것을 가리킨다.

인간은 비천하고 보잘것없는 하나의 엉뚱한 동물에 지나지 않지만, 다행히도 때를 잘 만났다. 총체적으로 지상에서의 삶은 순간적이고, 우발적이며, 지구의 모든 측면을 고려하면 어디까지나 사소한 일에 지나지 않는다. 그리고 지구는 모든 천체처럼 두 가지 무無 사이에 긴 하나의 공간, 계획·이성·의지·자각 등이 없는 하나의 피할 수 없는 사변事變, 필연적인 최악의 것, 우매한 필연성에 지나지 않는다.

우리의 마음은 이러한 사실에 어떤 반감을 느낀다. 그리고 허영이라는 뱀이 우리에게 "그건 다 거짓말이야. 왜냐하면 우리가 반감을 느끼기 때문이지. 그런 것들은 모두 지어낸 이야기에 지나지 않아. 칸트의 말을 빌리자면, 인간은 그럼에도 불구하고……."라고 말한다.

자연으로 돌아가라

FRIEDRICH WILHELM NIETZSCHE

노령기에 접어드는 순간 어떻게 자연의 소리를 들었는지
충분히 깨닫게 될 것이다.
노년과 지혜를 인생의 능선에서 만나게 될 것이다.

인류가 오늘날 믿고 있는 방법에 따른다면, 신은 우리에게 더 선한 것으로, 더 높은 단계로의 발전을 제시하지 못하고 있다. '진보'는 단지 하나의 현대적인 이념, 다시 말해 잘못된 이념에 불과하다. 이런 가치관에서 본다면 오늘날의 유럽인들은 '르네상스' 시대의 유럽인보다 훨씬 아래쪽에 위치한다. 발전이 반드시 어떤 필연성을 가진 채 늘 향상, 상승, 강화되는 것이라고 볼 수는 없다.

물론 지상의 다른 여러 곳, 그리고 다양한 문화에서 개인의 각기 다른 사례가 계속해서 성공하고 있다. 이런 성공 사례에서 제시되는 인간의 고급 전형은 인류 전체 측면에서 초인과 같다고 할 수 있다.

위대한 성공을 거둘 수 있는 이러한 요행은 어느 시기에나 가능했으며 미래에도 늘 가능할 것이다. 그런 점에서 어떠한 종족, 혈족, 민족도 사정에 따라서는 그와 같은 행운을 누릴 수 있다는 결론이 나온다.

나 역시 '자연으로의 복귀'에 대해서 말하지만, 사실 그것은 되돌아오는 게 아니라 높아지는 것이다. 즉 높고, 자유롭고, 두렵기까지 한 자연과 자연성 속에서 점점 더 높아진다.

이를 비유적으로 말한다면, 나폴레옹은 내가 해석하는 의미에서 '자연으로의 복귀' 가운데 하나였다. 전술적인 측면뿐 아니라 군인들이 아는 전략적인 측면에서도 말이다.

그런데 루소는 어디로 되돌아가려고 한 것인가? 루소! 이 최초의 현대적 인간은 이상주의자와 천민을 한 몸에 지니고 있었다. 이 사람은 방종적인 허영과 자기 경멸에 병든 채 자신의 외모를 유지하기 위해 도덕적 '품위'를 필요로 했다. 새로운 시대에 들어선 이 기형아 역시 자연으로의 복귀를 원했다. 그런데 루소는 도대체 어디로 되돌아가려고 했던 것인가?

힘찬 발걸음으로, 굳센 자신감을 가지고 지혜의 탄탄대로 위를 전진해 나아가라! 어떠한 처지에 놓여 있더라도 경험의 원천이라 여기고 너 자신에 봉사하라! 너의 본성에 대한 불평을 차버리고 너의 자아를 스스로 용서하라. 네가 예술에 대한 순수한 접근성을 얼마나 가지고 있는지를 충분히 생각해보라.

너는 어머니나 유모를 사랑한 것처럼 종교와 예술을 사랑하지 않으면 안 된다. 그렇지 않으면 너는 현명해질 수 없다. 그러나 너는 그들의 건너편도 바라봐야 된다. 그들보다 크게 자라야 한다. 네가 만일 그들의 한계 내에서 멈춰 있다면, 너는 그들을 이해할 수가 없다.

너는 또한 역사와 친해져서 '이 편, 저 편'이라고 하는 세심한 저울질의 유희에도 익숙해져야 한다. 그럼 너는 모든 인류가 앞으로는 다시 갈 수 없는, 또는 가서는 안 될 곳이나 상황을 제일 확실히 배울 수 있다.

만일 네가 미래가 어떻게 또다시 매듭지어지는지를 예지하려고 할 경우, 너 자신의 생활은 인식에 대한 도구나 수단으로서 가치를 지닌다. 너의 눈과 본성과 인식이 어두운 우물의 밑바닥을 볼 만큼 충분한 힘을 가진다면, 너는 미래 문화의 환상을 볼 수 있을지도 모른다.

너는 혹시 이와 같은 목적을 가진 생활이 힘들고, 아무런 재미가 없다고 생각하는가? 만일 그렇다면 너는 더 알아야 한다. 어떠한 꿈도 지식보다 더 많이 알지는 못한다는 사실을 말이다. 그리고 우울함이 드리워진 구름을 네가 자기 자신에게 힘을 주기 위해 마시는 젖가슴으로 생각하지 않으면 안 된다는 사실을 말이다.

너는 노령기에 접어드는 순간에 네가 어떻게 자연의 소리를 들었는지, 기쁨으로 세계 전체를 지배하는 저 자연의 소리를 들었는지를 충분히 깨닫게 될 것이다. 너는 노년과 지혜를 인생의 능선에서 만나게 될 것이다. 그리고 자연은 그것을 원한다. 그때가 되면 죽음의 안개가 다가온다고 화를 낼 이유도 전혀 없다. 너의 마지막 움직임은 빛을 향할 것이다.

사랑의 쓴잔을 마셔라

FRIEDRICH WILHELM NIETZSCHE

인간은 짐승과 초인 사이에 걸쳐놓은 하나의 밧줄이다.
이 밧줄은 건너가는 것도 위험하고, 그 위에서 걷거나 뒤를 돌아보는 것도 위험하다.
겁내는 것도, 멈춰 있는 것도 위험하다.

'인류'가 아니라, 초인이 진정한 목표다.

인간은 짐승과 초인 사이에 걸쳐놓은 하나의 밧줄이다. 하나의 심연을 건널 수 있는 밧줄인 것이다. 이 밧줄은 건너가는 것도 위험하고, 그 위에서 걷거나 뒤를 돌아보는 것도 위험하다. 또는 겁내는 것도, 멈춰 있는 것도 위험하다.

인간이 위대하다는 이유는 목적이 아니라, 다리라는 점에 있다. 인간으로서 사랑을 받는 이유는 하나의 과정이자 몰락이라는 점에 있다. 나는 사랑하노라, 살 줄 모르는 존재인 인간을. 몰락하는 자 이외에는 말이다. 몰락하는 자는 밧줄을 건너려는 사람이기 때문이다.

나는 그대들에게 초인을 가르치노라. 인간은 극복되어야 할 그 무엇이다. 인간을 극복하기 위해 그대들은 무엇을 했는가?

본래 만물은 스스로를 초월한 그 무엇을 만들어왔다. 그럼에도 그대들은 이 위대한 만조滿潮가 간조干潮가 되길 원한 채 인간을 극복하기보다 오히려 짐승으로 되돌아가길 원하는가?

보라! 내가 그대들에게 초인을 가르치리라. 초인이란 대지의 참뜻이다. 그대들의 의지는 당연히 "초인이야말로 대지가 지닌 참뜻이어야 한다!"라고 말해야 한다.

형제여, 나는 그대들에게 간절히 원하노라. 대지에 충실하라. 그리고 저 천상의 희망을 말하는 사람들을 믿지 말라! 그들이야말로 의식적이든 아니든 그대에게 독을 주려는 자들이다.

나는 결혼을, 창조하는 자보다 더 높은 한 사람을 창조하는 두 사람의 의지라고 부르겠다. 또한 이 같은 의지를 적극적으로 욕망하는 자에 대한 외경으로서의 남자와 여자 상호간의 외경이라고 부르겠다. 이것으로써 그대의 결혼 의의를 진리로 삼아라!

그런데 저 과잉된 자들의 무리, 쓸데없는 자들이 결혼이라고 부르는 것은 도대체 무엇이라고 부를 것인가?!

언젠가 그대들은 스스로를 넘어서 사랑해야 한다. 그렇다면 우선 사랑하기를 배워라! 그러기 위해서 그대들은 사랑의 쓰디쓴 잔을 마셔야 한다. 더없는 사랑의 술잔이라고 해도 마셔라. 그럼 사랑은 그대들에게 초인에 대한 동경, 창조자에 대한 갈망을 안겨준다.

　말하라, 그대들이여! 초인에 대한 동경, 창조자에 대한 갈망이 과연 결혼에 대한 그대의 의지인가?

최고의 가치, 최고의 도덕

FRIEDRICH WILHELM NIETZSCHE

남에게 뭔가를 선물하는 사람의 눈빛은 황금을 참 많이 닮아 있다.
황금의 빛깔은 태양과 달 사이에 평화를 가져다준다.

나는 그대들에게 정신의 세 가지 변화에 대해 말하고자 한다. 즉, 정신이 낙타가 되고, 낙타가 사자가 되며, 사자가 결국 어린아이가 되는 세 가지 변화에 대해서 말이다.

억세고 무척 책임감이 강하며, 외경의 마음도 지니고 있는 정신에게는 짊어져야 할 중압감이 크다. 왜냐하면 이처럼 강한 정신은 제일 무거운 것을 요구하기 때문이다.

책임감이 무척 강한 정신은 그대에게 "용사들이여, 제일 무거운 것이 있는가? 낙타처럼 무릎을 꿇은 채 그것을 내 등에 짊어지고 싶구나."라고 말한다.

자신을 사랑할 줄 알아야 한다

250

그러나 황량한 사막에서 제2의 변화가 일어나 정신은 사자로 다시 태어나고, 사자는 자유를 좇아 그것을 잡으려고 하며, 자기 사막에서 왕자가 되길 원한다.

그대들이여, 왜 정신에 사자가 필요한가? 왜 책임감이 강한 짐승, 체념하고 경건한 짐승만으로는 부족한가? 아무리 사자라고 해도 새로운 가치 창조는 아직 이루지 못했다. 그러나 새로운 창조에 대한 자유를 스스로 창조하는 것은 바로 사자만이 할 수 있는 일이다.

일찍이 정신도 '그대는 마땅히 해야 한다'를 제일 성스러운 것으로 여기고 사랑했다. 그러나 이제는 이 사랑에서 자유를 약탈하기 위해 가장 성스러운 것 속에서조차 미망迷妄과 자의恣意를 발견해야 하기 때문에 이 약탈을 위해 정신은 사자가 필요할 수밖에 없다.

그러나 나의 형제들이여, 말하라! 사자로서도 할 수 없는 일을 어린아이가 어떻게 이룰 수 있단 말인가? 어린아이는 순진하다. 그리고 망각은 새로운 발달이자 유희다. 스스로 굴러가는 차량인 동시에 제1의 운동, 성스러운 긍정인 것이다.

형제들이여, 그렇지 않은가? 창조의 유희에는 성스러운 긍정이 필요하다. 바야흐로 정신은 스스로의 의지를 바라고, 세계를 잃은 자는 스스로의 세계를 획득한다.

나는 그대들에게 정신의 세 가지 변화에 대해 설명했다. 정신은 낙타가 되고, 낙타는 사자가 되며, 사자는 최후에 어린아이가 되는 과정을 말이다.

자신을 사랑할 줄 알아야 한다

최고의 가치, 최고의 도덕

차라투스트라는 그의 말을 가로막았다. "여기서 그대는 올바르게 주는 일이 올바르게 받는 일보다 얼마나 어려운지를 배웠다. 이뿐만 아니라 그대는 잘 준다는 것은 하나의 기술이며, 제일 교활한 거장의 예藝임을 배웠으리라."

이에 대해 스스로 걸인이 되길 원하는 자는 "현대에 있어서는 더욱 그렇다."라고 대답했다.

그대들에게 묻노라. "황금은 무슨 까닭으로 존귀한가?" 황금이 존귀한 이유는 그것 자체가 신기하고 빛깔이 아름다우며 찬란하기 때문이다. 단, 황금은 최고 도덕의 묘사描寫로서만 최고의 가치에 도달했다. 남에게 뭔가를 선물하는 사람의 눈빛은 황금을 참 많이 닮아 있다. 황금의 빛깔은 태양과 달 사이에 평화를 가져다준다.

최고의 도덕은 흔히 있는 것이 아니다. 형태가 없을 뿐 아니라, 빛깔이 찬란하고 또한 부드럽다. 남에게 뭔가를 주는 증여의 도덕은 최고의 도덕이다.

어둠에 대한 갈망

FRIEDRICH WILHELM NIETZSCHE

나의 손은 늘 주기만 하고 쉴 줄은 모른다.
이것이 바로 나의 빈곤이다.
나는 항상 초조하게 기다리는 눈과 동경에 번득이는 밤을 본다.
이것이 나의 질투다.

밤이다. 이제 모든 용솟음치는 샘들이 그 소리를 높인다. 나의 영혼도 용솟음치는 샘이다.

밤이다. 이제 모든 사랑하는 자들의 노래가 시작된다. 나의 영혼 또한 사랑하는 자의 노래다.

말리지 못한 것, 말리기 어려운 것이 내 마음속에서 소리 높여 말하려 한다. 그것이 스스로 사람의 말을 이야기한다.

나는 빛이다. 아아, 내가 밤으로 변한다면 얼마나 좋을까! 하지만 이처럼 내가 빛에 둘러싸여 있으니, 그것이 나의 고독이다.

아아, 내가 어둠이었다면! 밤이었다면! 정말 그랬다면 나는 빛의 유방에 매달려 그 젖을 빨려고 했을까? 정말 그랬다면 나는 그대들까지도 축복했을 것이다. 그대 번쩍이는 별이여, 반딧불이여! 만일 그랬으면 나는 그대들의 빛을 받아 행복했으리라.

그런데 나는 스스로의 빛 속에 살고 있다. 내가 토한 불꽃을 다시금 되삼킨다. 나는 받는 자의 행복을 모른다. 더욱이 때로는 받는 것보다 훔치는 것이 오히려 복되리라고 몽상한다.

나의 손은 늘 주기만 하고 쉴 줄은 모른다. 이것이 바로 나의 빈곤이다. 나는 항상 초조하게 기다리는 눈과 동경에 번득이는 밤을 본다. 이것이 나의 질투다.

아, 주는 자의 불행이여! 오, 내 태양의 일식이여! 오, 갈망에 대한 갈망이여! 오, 충족 속의 기아여!

오, 그대 어두운 자여! 밤을 닮은 자들이여! 그대들이야말로 빛나는 것에서 열을 창조하는 자들이다. 그대들이야말로 비로소 빛의 유방에서 젖을 빨 수 있는 자들이다.

얼음이 나를 둘러싸고 있다. 내 손은 얼음에 닿아서 동상을 입는다. 내 마음속에는 그대들에 대한 갈망이, 또한 갈망하는 감상이 있다.

밤이다! 내가 이 같은 빛이어야 하다니! 어둠에 대한 갈망이여! 고독이여!

밤이다! 이제 내 소망은 마치 샘처럼 내 심저에서 용솟음친다. 나는 말을 바라고 원한다.

밤이다! 용솟음치는 모든 샘이 소리를 높인다. 나의 영혼 또한 용솟음치는 샘이다.

밤이다! 모든 사랑하는 자의 노래는 눈을 뜨기 시작했다. 나의 영혼 또한 사랑하는 자의 노래다.

내 봄의 비애도 이미 지나갔다. 바야흐로 한여름의 정오가 되었다. 높은 산꼭대기에는 차디찬 샘과 행복한 적막이 있다. 오라, 나의 벗이여! 이리로 와서 이 적막에 행복을 더해주어라! 왜냐하면 여기야말로 우리의 절정이자 고향이기 때문이다. 이곳은 너무 드높고 험준해서 모든 더러운 무리들과 갈증이 가까이 올 수 없기 때문이다.

나의 벗이여! 그대들의 맑은 눈을 내 열락의 샘으로 던져라! 그럼 샘이 흐려지는 것을 막을 수 있고, 그 맑은 순결로써 그대들에게 미소 지을 수 있을 것이다.

우리는 우리의 보금자리를 미래의 나무 위에 얽는다. 고독한 자인 우리에게 독수리는 주둥이로 먹이를 물어다 줄 것이다.

주관적인 예술가는 열등한 예술가

FRIEDRICH WILHELM NIETZSCHE

'자아'로부터의 해탈, 모든 개인적인 의지와 욕망의 침묵! 객관성 없이는,
이해관계를 떠난 순수한 관조觀照 없이는
진정한 예술적 창작이 이루어질 수 없다.

진리는 추악하다. 진리에 의해서 망하지 않기 위해 우리는 예술을 갖
는 것이다.

만일 우리가 모든 예술을 인정하지 않은 채 예술이라는 거짓 예배
를 만들지 않았다면, 오늘날 학문에 의해서 우리에게 주어지는 것은
보편적인 비非진실뿐일 것이다. 허구에 대한 통찰, 즉 망상이나 오류
가 인식하고 느끼는 인간 생존의 조건인 통찰은 도저히 견디기 어려
운 것이다

예술이야말로 존재를 완성한다는 점이 바로 예술의 본질적인 측면
이다. 즉, 예술은 완전성과 충실함을 산출해내는 것이다. 예술은 본질

적으로 존재의 긍정이다.

그렇다면 염세주의적인 예술이란 무엇을 의미하는가? 이는 자기모순이 아닌가? 그렇다, 모순이다! 쇼펜하우어는 어떤 종류의 예술 작품으로 염세주의에 도움을 주었는데, 이는 잘못이었다. 예술가들은 비극이나 체념 따위를 말하지 않는다. 두려운 것, 문제적인 것 자체가 이미 예술가들에게 있어서 권력과 지배력의 본능인 것이다. 예술가는 이러한 것들을 두려워하지 않는다. 따라서 염세주의적인 예술은 존재하지 않는다.

예술가들이 가리키는 사물은 추악하다. 그러나 그들이 그러한 사물을 가리킨다는 사실은 추악한 것에 대한 쾌감에서 비롯된다. 만일 그대들이 다른 주장을 한다면, 그것은 그대들이 자신을 속이고 있는 것이다. 도스토예프스키는 무슨 구원을 가져올 것인가?

우리의 종교, 도덕, 철학은 인간의 데카당스 형식이다. 그 반대 운동이, 곧 예술이다.

인간의 진정한 형이상학적 활동은 예술이지, 결코 도덕이 아니다.

예술 작품이 건강한 인상을 주기 위해서는 그것을 만든 작가의 역량이 4분의 3만큼만 반영되어야 한다. 만일 작가가 자신의 모든 역량을 쏟아부어 작품을 만든다면 그 작품은 사람들을 흥분시키고, 팽팽한 긴장감으로 불안하게 만든다. 그러므로 모든 우수한 작품은 어딘가 여유를 지니고 있으며 마치 초원에 누워 있는 암소의 풍정風情과도 같다.

주관적이라고 하는 것, 즉 자신의 목적을 추구하고 적극적으로 욕망하는 개인은 예술의 적敵이라고 생각될 뿐이지, 결코 예술의 근원이라고는 생각되지 않는다. 그러나 주관이 예술가인 이상, 주관은 이미 개인적 의지로부터 해방되어 있다.

즉, 참으로 실재하는 단 하나의 주관은 그것을 통해 자기 구제를 축복하는 하나의 매체다.

우리가 아는 바에 의하면, 주관적인 예술가는 단지 열등한 예술가에 지나지 않는다. 그 이유는 모든 종류와 모든 단계의 예술에 있어서 우리가 무엇보다 먼저 요구하는 것은 주관적인 것의 극복, '자아'로부터의 해탈, 모든 개인적인 의지와 욕망의 침묵이기 때문이다. 객관성 없이는, 이해관계를 떠난 순수한 관조觀照 없이는 진정한 예술적 창작이 이루어질 수 없기 때문이다.

작품을 즐기고 싶다면 작가를 잊어라

FRIEDRICH WILHELM NIETZSCHE

예술은 그야말로 평안한 사람의 활동이다.
예술이 가리키는 싸움은 삶의 현실적인 싸움을 단순화한 것이다.

예술가를 그 작품에서 될 수 있는 한 떼어놓고, 예술가 자신을 그 작품과 동일하게 취급하지 않는 것이 정말 좋은 태도다. 예술가 자신은 결국 그 작품의 선행 조건, 모체, 토양에 불과하며, 경우에 따라서는 그것을 근거로 삼고 양분으로 해 작품이 생장하는 하나의 퇴비나 비료에 불과하다. 그러므로 작품 자체를 즐기고 싶다면 작가를 잊어야 한다. 어떤 작품의 계보를 조사하는 일은 정신의 생리학자나 해부학자가 할 일이지, 결코 심미가나 예술가들이 알 바는 아니다.

예술은 그야말로 평안한 사람의 활동이다. 예술이 가리키는 싸움은 삶의 현실적인 싸움을 단순화한 것이다. 예술의 문제는 인간의 행위와 의욕을 무한히 합종한 계산을 요약하는 일이다. 그러나 예술의 위대성과 불가결성은 예술이 한층 단순화된 세계임을 의미한다. 즉, 인생의 수수께끼에 대한 한층 요약된 해결인 가상假象을 불러일으킨다는 점이 바로 예술의 위대성과 불가결성인 것이다.

인생으로 고뇌하는 자는 누구나 잠을 자지 않을 수 없듯이, 가상 역시 빼놓을 수 없다. 인생의 법칙을 인식하기 곤란하면 곤란할수록 우리는 단 한 순간을 위해서라도 단순화의 가상을 점차 열망하게 된다. 그리고 사물에 대한 보편적 인식과 개인의 정신적·윤리적 능력 사이의 긴장감은 점차 커진다. 팽팽하게 당겨진 활이 굽어지지 않기 위해서 예술이 바로 거기에 있는 것이다.

예술이라고 하는 모든 연극이 우리를 위해서, 예를 들어 우리의 개선과 교양을 위해서 무대에 올려지는 것은 아니다. 또한 우리는 인간이 예술 세계의 창조주가 아니라는 사실을 분명히 자각하지 않으면 안 된다.

하지만 우리는 자기 자신에 대해서 다음과 같이 생각해도 무방하다. 즉, 우리 자신은 예술 세계의 진정한 창조주에 의해 만들어진 형상이자 예술적인 투영이며, 창조주가 만들어낸 예술품이라는 의미 측면에서 우리는 최고의 존엄성을 갖는다고 말이다. 왜냐하면 미적 현상으로서 생존과 세계는 영원히 인정받고 있기 때문이다.

꿈의 세계를 낳는 예술가

FRIEDRICH WILHELM NIETZSCHE

모든 사람은 꿈의 세계를 낳는 예술가들이다.
그러나 병적인 인상을 주지 않기 위해서는
꿈이 넘어서는 안 되는 섬세하고 미묘한 선이 있다.

예술의 발전은 아폴론적인 것과 디오니소스적인 것이라는 이중성과 연관된다. 이는 마치 생식이라는 것이 끊임없는 투쟁 속에서도 주기적으로 화해하는 남녀 양성兩性의 이원성二元性에 의존하고 있는 점과 비슷하다.

어떠한 예술 작품에도 오직 하나의 원리가 생명의 원천이라고 보고, 여러 가지 예술을 이 하나의 원리에서 이끌어내려고 하는 모든 사람들과는 반대로, 나의 눈은 그리스인의 두 예술인인 아폴론과 디오니소스에게로 향해 있다. 즉, 가장 깊은 본질과 최고의 목표 측면에서 서로 다른 두 개의 예술 세계가 이 두 신 속에 생생하게 구상되고 있다고 보는 것이다.

아폴론은 개체화의 원리를 정화하는 정령精靈으로서 내 앞에 서 있다. 가상에 있어서의 구제는 이 정령에 의해서만 참으로 이루어 진다.

이에 비해 디오니소스의 신비로운 부르짖음 아래에서는 개체화의 속박이 풀어지고 '존재의 어머니'에 대한 길, 즉 사물의 가장 핵심에 이르는 길이 열린다.

모든 사람은 꿈의 세계를 낳는 예술가들이다. 그러나 병적인 인상을 주지 않기 위해서는 꿈이 넘어서서는 안 되는 섬세하고 미묘한 선이 있다.

꿈의 경험을 필연적인 것으로 여기고 기쁘게 맞이하는 일은 그리스인에 의해서 그들의 신 아폴론 속에 표현되어 있다. 모든 조형적인 힘을 상징하는 아폴론은 예언의 신이기도 하다. 어원으로는 '빛을 발하는 자', 즉 광명의 신인 아폴론의 모습을 통해 우리는 마음속에 있는 환상 세계의 아름다운 가상을 숭고하게 말할 수 있다. 우리는 이 신의 모습을 통해, 즉 그의 몸짓과 눈초리를 통해 가상假象의 환희와 지혜뿐 아니라 그의 아름다움을 읽을 수 있다.

윤리적 신으로서의 아폴론은 신봉자들에게 중용을 요구하는 동시에 중용을 지키기 위한 자기 인식을 요구한다. 그래서 아름다움에 대한 심미적 요구와 함께 '너 자신을 알라!', '지나치지 말지어다!' 같은 요구가 나온 것이다.

아폴론적인 문화의 최고의 작용은 언제나 먼저 거인 왕국을 전복해 괴물들을 죽여야 하며, 강력한 망상의 허구와 환희에 찬 환상에 의해서 세계관의 무서운 심연, 예민한 고뇌 및 능력 면에서 승리자가 되어야 한다는 점이다.

디오니소스적 예술 역시 생존의 영원한 쾌감을 우리에게 확신시켜주려고 한다. 단, 우리는 이 쾌감을 현상 속에서 찾을 것이 아니라 현상의 배후에서 찾아야 한다. 그리고 우리는 어떤 것이든 한번 생겨난 이상, 고뇌에 찬 몰락을 각오해야 한다는 점을 깨달아야 한다.

우리는 개별적 존재의 공포를 어쩔 수 없이 들여다보게 된다. 그러나 겁을 먹고 머뭇거려서는 안 된다. 어떤 형이상학적인 위안이 우리를 덧없는 세상살이로부터 도망치게 한다. 우리는 실제로 잠시 동안 근원적 존재가 되어 감당하기 어려운 생존의 갈망과 쾌감을 느낀다.

삶으로 돌진하고 쇄도하는 헤아릴 수 없이 많은 생존 양식을 보고, 넘칠 정도로 많은 세계 의지의 생산성을 접할 때 우리는 여러 가지 현상의 투쟁, 고민, 파멸을 당연한 것처럼 생각한다.

우리가 이 고민의 광폭한 가시에 찔리는 바로 그 순간에 이미 측량할 수 없는 생존의 근원적 쾌감과 일체가 되어 있는 우리는, 이 쾌감이 파괴할 수 없는 성질을 가지며 영원한 것이라는 디오니소스적 황홀감을 느끼게 된다.

쇼펜하우어의 근거 원리 가운데 어느 하나의 형태는 예외를 허용하지 않을 수 없는 것처럼 보이기 위해서, 인간이 갑자기 현상의 인식 형식에 대한 신뢰를 상실할 경우 인간을 습격함으로써 엄청난 전율을 안겨준다. 이 전율과 함께 개별화의 원리가 깨질 때 인간의, 아니 자연의 가장 내면적인 근거로부터 솟아오르는 황홀감을 생각한다면, 그 순간 우리는 디오니소스적인 것의 본질을 엿볼 수 있다. 그런데 이 디오니소스적인 것은 도취를 유추함으로써 우리에게 가장 가까워진다.

디오니소스적인 것의 마력 아래에서는 인간과 인간 사이의 유대가 다시 맺어지는 것만은 아니다. 소외되고 적대시되거나 억압되어 왔던 자연도 집을 나간 탕아인 인간과 화해의 축하연을 다시 벌이게 된다. 이제는 짐승도 말을 하고, 대지도 꿈을 꾸는 것처럼 인간에게도 어떤 초자연적인 것이 울려온다. 이때 인간은 자신을 신이라고 느끼며, 꿈에 본 신들의 소요처럼 지금은 자기 자신이 고양되어 황홀경에 빠진다.

인간은 이미 예술가가 아니다. 예술품이 되어버린 것이다. 즉, 모든 자연의 예술적 힘은 도취의 전율 아래 계시되며, 근원적 유일자唯一者에게 최고의 환희를 만족시킨다.

아폴론은 개체 사이에 경계선을 그은 뒤 자기 인식과 절도를 요구했다. 그 이유는 이 경계선을 세상에서 가장 신성한 세계 법칙으로 준수하면서 개개의 존재를 안정시키려 했기 때문이다. 그러나 이러한 아폴론적 경향으로 형식이 굳어진 탓에 이집트적인 딱딱함과 차가움은 있어서는 안 되며, 개개의 물결에 궤도와 영역을 지정한다는 이유로 호수 전체의 움직임을 죽여서는 곤란하다.

　나는 자연 속에 아폴론적인 것과 디오니소스적인 것이라는 강력한 예술적 충동을, 그리고 이들 충동 속에 가상假象에 대한 열렬한 동경, 즉 가상에 의해서 구제되었다는 열렬한 동경을 인정하면 할수록 더욱더 다음과 같은 형이상학적 가설을 인정하지 않을 수 없다. 즉, 실재하는 근원적 유일자는 영원히 고민하는 자이자 모순에 가득 찬 자로서, 스스로를 끊임없이 구제하기 위해서는 황홀한 환상과 환희에 넘친 가상을 동시에 필요로 한다는 가설 말이다.

천재 예술가의 비극

FRIEDRICH WILHELM NIETZSCHE

예술적 천재는 즐거움을 나누려고 하지만,
그가 극히 높은 단계에 있으면 감상해줄 사람이 없어진다.
그는 성찬을 차려놓지만, 사람들은 그것을 바라지 않는 것이다.

모든 교양과 예술이 지금 우리 눈에 보이는 것처럼, 서로 불쾌한 혐오의 정을 갖고 대립하는 예술적 시대가 달리 존재하는 것은 아니다. 우리는 이 허약한 교양이 무엇 때문에 참된 예술을 증오하고 있는지를 이해하고 있다. 그와 같은 교양은 예술에 의한 몰락을 두려워하기 때문이다.

모든 예술, 모든 철학은 성장하고 분투해가는 삶에서의 치유 수단, 또는 보조 수단으로 간주되어도 좋다. 예술과 철학은 늘 고뇌와 고뇌자를 전제로 한다. 그러나 고뇌자에는 두 종류가 있다. 첫 번째는 삶의 과잉에 고뇌하는 자로, 그들은 디오니소스적 예술을 적극적으로 욕망하는 동시에 삶에 대한 하나의 비극적 견해와 비극적 통찰을 원망한다.

두 번째는 삶의 빈곤에 고뇌하는 자로, 그들은 예술과 인식을 통해서 휴식, 안정, 광활한 태양, 자신으로부터의 해방을 얻으려 하거나 도취, 경련, 혼미, 광란 등을 구한다. 이들의 이러한 이중적 요구에 예술과 오식에 있어서의 모든 낭만주의자가 상용한다.

모든 심미적 가치의 견지에 입각해 나는 이제 다음과 같은 근본적 차별을 이용한다. 즉, 모든 개별적 경우에 있어서 "여기에서는 기아가 생산력을 가지는가? 또는 과잉이 산출력을 가지는가?"라고 묻는 것이다. 물론 다른 어떤 구별이 좀 더 바람직한 것으로 생각될지도 모른다. 사실 다음과 같은 구별법이 훨씬 더 명백하다. 즉 "응결에 대한, 염원화에 대한, 존재에 대한 갈망이 창조의 원인인가, 아니면 파괴에 대한, 변화에 대한, 새로운 것에 대한, 미래와 생성에 대한 갈망이 그 원인인가?"에 주목하는 것이다.

그러나 이 두 종류의 갈망은 좀 더 자세히 고찰할 경우 역시 불분명한 것으로 증명되며, 내 생각으로는 정당하게 선택된 바로 그 위의 도식에 의해 더욱 명백해진다.

파괴, 변화, 생성에 대한 갈망은 넘쳐흐르는 미래 생성적 힘의 표현일 수 있다. 이에 대한 나의 용어는 알고 있는 바와 같이 바로 '디오니소스적'이다. 그러나 이는 성공하지 못한 자, 궁핍한 자, 고생만 해온 자의 증오일 수도 있다.

영원화에 대한 적극적인 욕망 역시 이중적으로 해석될 수 있다. 그것은 첫째, 감사와 사랑에 의해 유쾌해질 수 있다. 이러한 근원에서 유래한 예술은 늘 신화적 예술이었다. 하지만 이것은 또한 어떤 고뇌자, 싸우고 있는 자, 학대받는 자의 폭군적 의지일 수도 있다. 이런 사람들은 제일 개인적인 것, 개별적인 것, 편협한 것과 자기 고뇌의 고유한 특성을 구속적인 법령이나 의무로 조작해버리거나 사물에 자기 상像, 자기 학대의 상을 압인하고 억지로 씌워 낙인찍음으로써 모든 사물에 일종의 복수를 한다.

여기에서 후자는 그것이 쇼펜하우어의 의지 철학이거나 바그너의 음악이거나 상관없이 표현이 제일 풍부한 양식에 있어서의 비관주의다. 이 낭만주의적 비관주의야말로 우리의 문화 운명에 있어서 최초의 위대한 사건이다.

예술적 천재는 즐거움을 나누려고 하지만, 그가 극히 높은 단계에 있으면 감상해줄 사람이 없어진다. 그는 성찬을 차려놓지만, 사람들은 그것을 바라지 않는 것이다. 이러한 사람들이 그 천재에게 경우에 따라서는 웃음이나 애상哀傷을 자극하는 파토스를 가져다준다. 왜냐하면 그 천재에게는 사람들을 만족시킬 만한 강한 권력이 없기 때문이다. 그의 피리는 울리는데 아무도 춤추려 하지 않는다. 이보다 더 비극적일 수 있을까?

수數적으로 자신을 과시하려는 힘의 예술가는 타협해야 할 아무런 의무도 없지 않을까? 자신이 어느 관객보다도 위라는 자신감을 가지고 있다면, 예술가는 자신보다 열등한 사람들의 평판에 신경 쓰지 않은 채 비교적 가장 높은 능력을 지닌 개개의 감상자들만 염두에 두면 되지 않을까?

머리맡에 ─── 니체

초판 1쇄 인쇄   2018년 2월 10일
초판 1쇄 발행   2018년 2월 22일

지은이   니체
펴낸곳   빛과향기
등록번호   제399-2015-000005호
주소   경기도 남양주시 별내면 청학로 114번길 34
전화   031) 840-5964   팩스 : 031) 842-5964
E-mail   songa7788@naver.com

ISBN   979-11-85584-49-2 04190
           979-11-85584-40-9(세트)

독자 여러분의 책에 관한 아이디어나 원고 투고를 설레는 마음으로 기다리고 있습니다.
이메일로 간단한 개요와 취지, 연락처를 보내주세요. 독자님과 함께 하겠습니다.